केदारनाथ अग्रवाल

प्रतिनिधि कविताएँ

सम्पादक
अशोक त्रिपाठी

D1832283

राजकमल पेपरबैक्स

राजकमल पेपरबैक्स में
पहला संस्करण : 2010
छठा संस्करण : 2023

© ज्योति अग्रवाल

राजकमल पेपरबैक्स : उत्कृष्ट साहित्य के जनसुलभ संस्करण

राजकमल प्रकाशन प्रा.लि.
1–बी, नेताजी सुभाष मार्ग, दरियागंज
नई दिल्ली–110 002
द्वारा प्रकाशित

शाखाएँ : अशोक राजपथ, साइंस कॉलेज के सामने, पटना–800 006
पहली मंजिल, दरबारी बिल्डिंग, महात्मा गांधी मार्ग, प्रयागराज–211 001

वेबसाइट : www.rajkamalprakashan.com
ई–मेल : info@rajkamalprakashan.com

बी.के. ऑफसेट
नवीन शाहदरा, दिल्ली–110 032
द्वारा मुद्रित

मूल्य : ₹99

PRATINIDHI KAVITAYEN
Representative Poems by Kedarnath Agrawal

ISBN : 978-81-267-1949-5

केदारनाथ अग्रवाल

जन्म : 1 अप्रैल, 1911; जन्म-स्थान : कमासिन, बाँदा (उत्तर प्रदेश)।

शिक्षा : बी.ए. इलाहाबाद विश्वविद्यालय; एल.एल.बी., डी.ए.वी. कॉलेज, कानपुर।

प्रकाशित-कृतियाँ : काव्य-संग्रह—'युग की गंगा' (1947), 'नींद के बादल' (1947), 'लोक और आलोक' (1957), 'फूल नहीं रंग बोलते हैं' (1965), 'आग का आईना' (1970), 'गुलमेंहदी' (1978), 'आधुनिक कवि—16' (1978), 'पंख और पतवार' (1980), 'हे मेरी तुम' (1981), 'मार प्यार की थापें' (1981), 'बम्बई का रक्त-स्नान' (1981), 'कहें केदार खरी-खरी' (1983 : सम्पादक—अशोक त्रिपाठी), 'जमुन जल तुम' (1984 : सम्पादक—अशोक त्रिपाठी), 'अपूर्वा' (1984), 'बोले बोल अबोल' (1985), 'जो शिलाएँ तोड़ते हैं' (1986 : सम्पादक—अशोक त्रिपाठी), 'आत्म-गंध' (1988), 'अनहारी हरियाली' (1990), 'खुलीं आँखें खुले डैने' (1993), 'पुष्प दीप' (1994), 'वसन्त में प्रसन्न हुई पृथ्वी' (1996 : सम्पादक—अशोक त्रिपाठी), 'कुहकी कोयल खड़े पेड़ की देह' (1997 : सम्पादक—अशोक त्रिपाठी); अनुवाद—'देश-देश की कविताएँ' (1970); निबन्ध-संग्रह—'समय-समय पर' (1970), 'विचार-बोध' (1980), 'विवेक-विवेचन' (1981); उपन्यास—'पतिया' (1985); यात्रा-वृत्तान्त—'बस्ती खिले गुलाबों की' (रूस की यात्रा का वृत्तान्त : 1975); पत्र-साहित्य—'मित्र-संवाद' (1991 : सम्पादक—रामविलास शर्मा, अशोक त्रिपाठी)।

पुरस्कार : 'सोवियत लैंड नेहरू पुरस्कार' (1973), उत्तर प्रदेश हिन्दी संस्थान, लखनऊ द्वारा दीर्घकालीन सेवाओं के लिए 1979-80 का 'विशिष्ट पुरस्कार', 'अपूर्वा' पर 1986 का 'साहित्य अकादेमी पुरस्कार' म.प्र. साहित्य परिषद, भोपाल का 'तुलसी सम्मान' (1986), म.प्र. साहित्य परिषद, भोपाल का 'मैथिलीशरण गुप्त सम्मान' (1990)।

मानद उपाधियाँ : हिन्दी साहित्य सम्मेलन, प्रयाग द्वारा 'साहित्य वाचस्पति' उपाधि (1989), बुन्देलखंड विश्वविद्यालय, झाँसी द्वारा डी.लिट्. उपाधि (1995)।

निधन : 22 जून, 2000

डॉ. नामवर सिंह को,
जिनकी,
राजकमल से
केदारजी की कविताओं के
प्रकाशन की
चिर-प्रतीक्षित साध
पूरी हुई

सम्पादकीय

हिन्दी की प्रगतिशील कविता और बाबू केदारनाथ अग्रवाल एक-दूसरे के पर्याय हैं। केदारजी की कविता का सौन्दर्यशास्त्र ही प्रगतिशील कविता का सौन्दर्यशास्त्र है। केदारजी की कविता की विकास-यात्रा ही, हिन्दी की प्रगतिशील कविता की विकास-यात्रा है।

प्रगतिशीलता जहाँ अन्याय, शोषण और अत्याचार का विरोध करना है, शोषितों की पक्षधरता करना है, इनके विरुद्ध संघर्ष करना है, वहीं मनुष्य की 'जय यात्रा' के प्रति दृढ़ता के साथ आस्थावान होना भी है; क्योंकि विजयी होने की आश्वस्ति ही संघर्ष की बीज शक्ति है। केदारजी बाकायदे इसकी घोषणा करते हैं—**मैं हूँ अनास्था पर लिखा/आस्था का शिलालेख/मृत्यु पर जीवन के जय की घोषणा।**

केदारजी ज़िन्दगी की सच्चाई की लड़ाई के कवि हैं। ज़िन्दगी की सच्चाई की लड़ाई में, विरोधी शक्तियों की मक्कार बर्बरता से संघर्ष करते कभी-कभी अवसाद (निराशा और हताशा नहीं) के विरल क्षण भी आते हैं। ये क्षण कभी नए विकल्प भी देते हैं। 'राम की शक्तिपूजा' में 108वाँ कमल जब महाशक्ति गायब कर देती हैं, तो एक क्षण के लिए राम अवसादग्रस्त हो जाते हैं, पर दूसरे ही क्षण उसका विकल्प—'राजीव नयन'—खोज लेते हैं। अवसाद के महज ऐसे ही कुछ पल केदारजी को भी कभी-कभी घेरते हैं, लेकिन वे तुरन्त ही उसे झटककर अपने से दूर फेंक देते हैं।

केदारजी की एक कविता है—**दुख ने मुझको/जब जब तोड़ा/मैंने/अपने टूटेपन को/कविता की ममता से जोड़ा/जहाँ गिरा मैं/कविताओं ने मुझे उठाया/हम दोनों ने/वहाँ प्रातः का सूर्य उगाया।** कविता के प्रति ऐसी अगाध आस्था, ऐसा भरोसा उसी कवि को हो सकता है जो कविता में महान मानवीय मूल्यों का पक्षधर कवि हो, जो इस बात का कायल हो कि—**चम्मचों से नहीं/आकंठ डूबकर पिया जाता है/दुख को दुख की नदी में/और तब जिया जाता है/आदमी की तरह आदमी के साथ/आदमी के लिए।**

केदारजी के पाठकों/आलोचकों में कोई उन्हें ग्रामीण चेतना का कवि मानता है, कोई नगरीय का, कोई संघर्ष का, कोई श्रम का, कोई सौन्दर्य का, कोई प्रकृति का, कोई राजनीतिक चेतना का, कोई मनुष्यता की खोज का, कोई नदी केन का, कोई व्यंग्य का, कोई प्रेम का तो कोई रूप और रस का, आदि-आदि। पर दरअसल केदारजी इनमें से केवल किसी एक धरातल के कवि नहीं हैं। वह खंड-खंड जीवन के नहीं, एक मुकम्मल जीवन के, सामाजिक सरोकारों से लैस, मुकम्मल जीवन्त कवि हैं। लेकिन उनकी कविता की चिन्तन धारा का केन्द्रीय बिन्दु है—खेती-किसानी, जिसके मूल में है किसान। खेती-किसानी का मूलाधार है बादल। जिस कवि की चिन्ता के मूल में किसान होगा, वह बादलों पर कविता लिखेगा ही लिखेगा। निराला, केदार और नागार्जुन इसके प्रमाण हैं।

केदारजी पैदा तो वणिक वर्ग में हुए थे, लेकिन गाँव के थे, इसलिए खेती-किसानी भी भरपूर होती थी। उसके संस्कार इनकी चेतना में स्थायी भाव की तरह गहरे पैठ चुके थे। कविता के अलावा अपने चिन्तनपरक गद्य में जब वह अपनी काव्य-साधना पर बात करते हैं तो किसानी के उपादानों, उपकरणों का ही हवाला देते हैं। **चन्द्रगहना से लौटती बेर** तथा **बसन्ती हवा** जैसी अनेक कविताएँ उनकी इसी किसानी चेतना की सहज और उन्मुक्त अभिव्यक्तियाँ हैं। केदारजी की **बसन्ती हवा** की बराबरी तो प्रकृति की बसन्ती हवा भी नहीं कर सकती। उसकी अल्हड़ता, उसका खिलंदड़ापन, उसकी मस्ती, उसका बेफिक्रापन, उसकी गति, उसकी उठान, उसकी खिलखिलाहट तथा पूरी कायनात में उसकी व्याप्ति हमें सौन्दर्य की एक दूसरी ही अनूठी दुनिया में ले जाती है। दुनिया के समूचे साहित्य में शायद ही उस जोड़ की कोई दूसरी कविता मिले।

केदारजी जीवन के गहरे यथार्थ के कवि हैं। यथार्थ का कवि देखे हुए पर अधिक भरोसा करता है। इसी से उनकी कविताओं में 'देखना' क्रिया बार-बार आती है। चूँकि वह 'देखना' क्रिया के कवि हैं, इसलिए वह 'मैं', 'मैंने', 'मुझे', 'मुझको' 'मेरे' आदि सर्वनाम के भी कवि हैं क्योंकि 'देखने' का कोई कर्ता भी तो चाहिए। यह 'कोई' कवि स्वयं है। केदारजी का यह 'मैं', 'मेरा', 'मैंने' आदि अहंमन्यता वाला व्यक्तिवादी 'मैं' नहीं है, आत्मबलवाला समाजवादी जनतान्त्रिक 'मैं' है। क्योंकि उनकी व्यक्तिगत चेतना, लोक चेतना में प्रविष्ट होती है और फिर उसे नए मानवीय मूल्यों के संस्कार देकर समाजवादी जनतन्त्र की छवियों को प्रस्तुत करती है। इसीलिए उनका 'मैं'

सबके 'हम' में परिवर्तित हो जाता है। उनकी कविताएँ जितनी उनकी है, उतनी ही दूसरों की भी हैं।

केन और केदार एक-दूसरे के प्रतीक बन गए हैं। केन एक नदी है, जो बाँदा की जीवन-रेखा है। परन्तु केदारजी के लिए वह केवल जल प्रदायनी नदी भर नहीं है—उनकी कविताओं में वह चेतना की नदी भी है। वह अपने क्षेत्र के लोगों की जड़ता से, चेतनाहीनता से इस कदर मायूस हैं कि उसे पत्थर की संज्ञा दे देते हैं क्योंकि चेतना की यह नदी भी उनमें कोई हलचल नहीं पैदा कर पा रही है। यह संज्ञाहीनता उन्हें कचोटती है—**पानी, पत्थर चाट रहा है गुमसुम/सहमा राही/ताक रहा है गुमसुम**। यहाँ सहमा राही केदारजी स्वयं है। केन नाना रूपों में उनकी चेतना में बसती है। 1. **नदी है कि नितम्बिनी वीणा/तट पर धरी/कभी बजती कभी मौन; 2. नदी एक नौजवान ढीठ लड़की है/जिसकी जाँघ खुली/और हंसों से भरी है/जिसने बला की सुन्दरता पायी है।** केन के साथ उनके कई रिश्ते हैं। एक रिश्ता प्रेयसी का भी है—**आज नदी बिलकुल उदास थी/सोयी थी अपने पानी में/उसके दर्पण पर/बादल का वस्त्र पड़ा था। मैंने उसको नहीं जगाया/दबे पाँव घर वापस आया**। निराला की **जूही की कली** का नायक पवन जहाँ उद्धृत है और नायिका के गोरे गोल कपोल को मसल देता है, वहीं प्रेयसी केन का नायक स्वयं कवि, उसे सोता देखकर 'दबे पाँव' घर वापस आ जाता है कि कहीं उसकी नींद उचट न जाए। क्योंकि केदारजी सूक्ष्म और कोमल संवेदनाओं के अद्‌भुत कवि हैं।

केदारजी लीक से अलग दृष्टि के सौन्दर्य के कवि हैं। हर उस शै में, काम में, सौन्दर्य है, जो हमें सकून देता है, उल्लास देता है, कर्मशील बनाता है, सृजन के लिए उकसाता है, संघर्षशील बनाता है, प्रसन्नता देता है, फिर वह चाहे जो कुछ भी हो। इसीलिए उन्हें अन्याय के विरुद्ध डटकर लड़नेवाले **110 के अभियुक्त** में सौन्दर्य नज़र आता है। लाल कमल से खिल उठनेवाले, करनी करने को उत्सुक हो, धूप हवा में हिल उठनेवाले 'छोटे हाथ' में, सामाजिक वर्जनाओं को ठेंगा दिखानेवाली **मुक्त युवती** में, अँधेरा हरने और सरकार पर कयामत ढानेवाले **एक हथौड़े वाला** में, खेत जोतते हुए किसान में, प्रतिरोध करती जनता में, गगन चुम्बी इमारत तामीर करनेवाली **गुम्मा ईंट** में, बाधाओं को रौंदनेवाले **गर्रानाला** में, किसानी के आधार स्तम्भ **भोगिला बैल** में, श्रम-पुरुष **भगौता बढ़ई** में तथा **अयोध्या की लालटेन** में सौन्दर्य नज़र आता है। नारी, फूलों, प्रकृति और कलाकृतियों में तो सौन्दर्य सभी को दिखाई देता है—केदारजी भी इसके अपवाद नहीं हैं।

सौन्दर्य में स्त्री सौन्दर्य सबसे व्यापक, मादक, मारक, शक्तिशाली और चुम्बकीय होता है। केदारजी की कविताओं में प्रेम और प्रेमाचार संस्पर्शित मांसल सौन्दर्यवाली कविताओं की अच्छी-खासी तादाद है। ऐसी कविताओं में प्रेम और सौन्दर्य एक-दूसरे में घुल-मिल गए हैं। केदारजी का प्रेम परकीया या नायिका भेदी प्रेमिका-वादी प्रेम नहीं है। वह शुद्ध स्वकीया पत्नीवादी घरू प्रेम है। स्त्री सौन्दर्य में भी केदारजी को पलँग तोड़नेवाली, सजी-धजी, बनी-ठनी, मेकअप से लदी-फंदी गजगामिनियाँ नहीं पसन्द हैं। उन्हें तो 'कौन अलबेले की नार झमाझम पानी भरैं' सुन्दर लगती है—श्रमशील नारियाँ सुन्दर लगती हैं। दिनकर की **उर्वशी** को लेकर जब वे रामविलासजी से भिड़े हुए थे तो 16 अप्रैल, 1962 के पत्र में वह लिखते हैं, 'मज़ा तब आता कि प्रेमिका प्रेमी के साथ कुछ श्रम करती और फिर दोनों एक दूसरे से लिपटकर, एक-दूसरे पर न्योछावर हो जाते, उस काम की कृतज्ञता में' (मित्र संवाद-280)।

'धूप' केदारजी का बहुत प्रिय विषय है, क्योंकि वह अँधेरे के नहीं, उजास के, आस्था के, संघर्ष के, कर्म के कवि हैं। धूप हमें ऊर्जा देती है, ऊष्मा देती है। यह प्रातःकालीन धूप ही है, जो हमसे कहती है—जागो, उठो और कर्म करो। केदारजी की कविता में धूप के अनेक राग-प्रवण, पारिवारिकता लिए और सात्त्विक दीप्त से दीपित सघन बिम्ब हैं, लेकिन सब एक-दूसरे से भिन्न, अपनी स्वतन्त्र अर्थवत्ता और सत्ता के साथ—दुहराव की छाया तक से दूर, गहन ऐन्द्रिकता लिए, हमारी चेतना में घटित होते हुए, हमें अपने में घटाते हुए।

सौन्दर्य के मसले पर केदारजी का मानना है कि किसी वस्तु को महज सुन्दर कहने से वह वस्तु सुन्दर नहीं हो जाएगी। वह सुन्दर क्यों है, यह बताना भी अनिवार्य है। 'धूप सुन्दर धूप में जगरूप सुन्दर' कहने भर से ही धूप थोड़े ही सुन्दर हो जाएगी।—धूप सुन्दर क्यों है, यह बताना पड़ेगा। यदि हम धूप का ही उदाहरण लें तो केदारजी बाकायदे यह बताते हैं कि धूप सुन्दर क्यों है—वह धूप की सुन्दरता का एक बिम्ब, एक चित्र खड़ा करते हैं।

केदारजी विराग के नहीं राग के कवि हैं। निरालाजी में 'राग' और 'विराग' का अनवरत द्वन्द्व मिलता है। केदारजी में विराग अपवाद रूप में ही मिलेगा। यहाँ तक कि 'श्मशान वैराग्य' भी नहीं। 'श्मशान वैराग्य' के मूल में होती है चिता। लेकिन चिता पर लिखी—वह भी अपनी पत्नी की चिता पर लिखी—उनकी कविता महाराग की कविता है—वैराग्य की नहीं। कवि प्रिया पार्वती देवी की चिता का विम्बन हमें एक अद्भुत सौन्दर्यलोक में ले जाता

है, जहाँ चिता की लपलपाती प्रज्ज्वलित शिखाएँ—कंचनवर्णी पंखुरियों का कुबलय कुमुद खिलाती हैं और चिता की भस्म 'राग पराग' हो जाती है—**चिता जली/तो मैंने देखा/दहन दाह में/कंचनवर्णी पंखुरियों का/कुबलय कुमुद खिला/रज को/राग पराग मिला**। प्रज्वलित चिता का ऐसा उदात्त, राग युक्त भव्य सौन्दर्य विम्बन शायद विश्व साहित्य में अकेला होगा।

केदारजी की काव्य-यात्रा 1930-31 से शुरू होती है। प्रारम्भ के 6-7 वर्षों तक की उनकी कविताएँ केवल भाववादी रूझान की कविताएँ हैं।

कानपुर में वकालत पढ़ने के दौरान, जब वह निराला जी से मिलने कानपुर से लखनऊ गए थे, रामविलासजी से मुलाकात हुई जो धीरे-धीरे अनाविल अमर मैत्री में बदलती गई, तब से उनका भाववादी रुझान जीवन की कटु सच्चाइयों के विश्लेषण की तरफ मुड़ने लगा। आँखों देखी दुनिया की असंगतियाँ और अन्तर्विरोध मन में सवाल पैदा करने लगे। उनकी कविता में भी, दुनिया को देखने-समझने के नज़रिए में हुए बदलाव का असर दिखने लगा। श्रम का मूल्य, श्रम का सौन्दर्य उनकी कविता का मूल्य और सौन्दर्य बनने लगा। पंत की 'चाँदनी रात में नौका विहार' के बरक्स सन् 1937 में लिखी 'दोपहरी में नौका विहार' उनकी बदली हुई दृष्टि का परिणाम है। ये दोनों कविताएँ दो जीवन-दृष्टियों और दो जीवन-शैलियों का प्रतिनिधित्व करती हैं।

1937 से शुरू हुई, देखी हुई सच्चाइयों की काव्य-यात्रा 1994-95 तक लगातार अपने समय से और समय की राजनीति से मुठभेड़ करनेवाली यात्रा रही है। केदारजी की कविताओं में उनका समय धड़कता है। उनकी कविताएँ अपने समय का दस्तावेज़ हैं। उनकी कविताओं को समझने के लिए सन् 1937-38 से लेकर 1994-95 का समय और इस पूरे कालखंड को समझने के लिए उनकी कविताएँ एक-दूसरे की पूरक हैं।

केदारजी अपनी कविता की खुराक जनता से लेते हैं। देश में जब जन उभार रहता है, जन-आन्दोलन होता है, केदारजी की कविता में जोश, उत्साह, पौरुष और संघर्ष की अजस्र धारा बहती है। देश की राजनीति जब जनविरोधी रुख अख़्तियार करती है, सरकार साम्राज्यवादी शक्तियों की गोद में बैठती है, जन-संघर्ष का दमन करती है तो वह राजनीति और सरकार दोनों को आड़े हाथों लेते हैं। ऐसे में उनकी कविताओं का स्वर एक ज़िम्मेदाराना तंज का होता है।

केदारजी अपनी धरती के कवि हैं—बुन्देलखंड की धरती के कवि हैं। अपनी धरती से प्यार करनेवाले कवि हैं—स्थानीयता के कवि हैं। स्थानीयता

कविता को प्रामाणिकता प्रदान करती है, जो उसे वायवीय और जड़हीन होने से बचाती है। यही कारण है कि उनकी कविता में बुन्देलखंड चप्पे-चप्पे पर उपस्थित है—अपनी ठेठ प्रकृति, अपने खुरदुरे चटियल परिवेश, अपने मौसम, अपनी जीवन्त धड़कन, अपनी अपनापे भरी अक्खड़ बोली-बानी तथा अपने कड़ियल अन्तर्विरोधी चरित्र के साथ। लेकिन उसका प्रभाव, उसकी व्याप्ति स्थानीयता की सीमा को लाँघकर राष्ट्रीय तथा अन्तर्राष्ट्रीय हो गई है। दुनिया की कई भाषाओं में इनका अनुवाद हो चुका है।

केदारजी जनकवि हैं, जनता के अटूट विश्वास के कवि हैं। और जनता पर अटूट विश्वास करनेवाले कवि हैं। मनुष्य के विकास और दुनिया के इतिहास को जानने और समझनेवाले कवि हैं, इसीलिए वह इस सत्य को जानते हैं कि पतन और मृत्यु राष्ट्राध्यक्षों, शासकों की होती है। जनता तो अजर-अमर है। वह उद्‌घोष करते हैं—**किसी देश या किसी राष्ट्र की/कभी नहीं जनता मरती है**। क्योंकि—**जनता सत्यों की भार्या है/जागृत जीवन की जननी है/महामही की महा शक्ति है**। इसीलिए वह बार-बार घोषणा करते हैं—**वह जन मारे नहीं मरेगा**।

केदारजी महान मानवीय मूल्यों और मनुष्यता के खोज के कवि हैं। आज जब एक सच्चे मनुष्य के सामने यह सवाल मुँह बाए खड़ा हो कि—**कैसे जिएँ कठिन है चक्कर/निर्बल हम बलीन हैं मक्कर/तिलझन ताबड़तोड़ कटाकट/हड्डी की लोहे से टक्कर,** तो जाहिर है कि ऐसे तिलझन-भरे हालात में मनुष्य का मनुष्य बने रहना बहुत मुश्किल है। ऐसे मुश्किल हालात से संघर्ष करते हुए जो अपनी आदमीयता बचा पाने में समर्थ हुआ होगा, केदारजी उसी की खोज करते हैं—**मैं उसे खोजता हूँ/जो आदमी है/और अब भी आदमी है/तबाह होकर भी आदमी है/चरित्र पर खड़ा/देवदारु की तरह बड़ा**। तबाह होकर भी आदमी होने के इम्तहान में पास होने के लिए तमाम तरह के दबावों, प्रलोभनों और झंझावातों के बीच अपनी मनुष्यता बचाए रखने में वही सफल होगा जो हानि-लाभ के गणित से परे होगा, जो खफ्ती हो। इसीलिए वह कहते हैं—**खफ्त है मुझे/आदमी होने का/बेखफ्त आदमी/साँड़ है/सियार है/पेट भर लेता है/नेता है**। नेताओं पर इससे बड़ी चोट और क्या हो सकती है!

केदारजी पेशे से वकील थे—जीविकोपार्जन का यही साधन था। जीवन की नंगी सच्चाइयाँ, समाज का असली चेहरा, न्याय पर अन्याय का बोलबाला आदमी को दोगलापन, सच पर झूठ की विजय आदि विसंगतियाँ और

विद्रूपताएँ उन्हें कचहरी ने दिखाईं। ज़िन्दगी का यथार्थ और यथार्थ की ज़िन्दगी—क्या है—यह उन्होंने कचहरी से ही सीखा। अगर वह वकील न होकर कुछ और होते, तो पता नहीं, उनकी कविताओं का यथार्थ, इतना प्रामाणिक, धारदार और असरदार होता कि नहीं, कहना मुश्किल है—शायद नहीं होता।

रामविलासजी के लिए कविता और वकालत का यह रिश्ता चमत्कार का विषय रहा है। हिन्दी कविता को यह चमत्कार विरासत में मिला हुआ है। सिद्धों और सन्त कवियों का साहित्य और उनका पेशा इस चमत्कार को पहले ही सम्भव कर चुका है। केदारजी उसी विरासत की अगली कड़ी हैं। न्याय व्यवस्था और न्यायिक प्रक्रिया की विसंगतियों, उसके अन्तर्विरोधों और अमानवीय चेहरे पर उनकी टिप्पणियाँ हैं तो संक्षिप्त, पर वे बहुत गहरे असन्तोष, असहमति और आक्रोश से पैदा हुई हैं।

'देह से मुक्ति' की अवधारणा से अलग, स्त्री-विमर्श की यदि कोई दूसरी अवधारणा है, तो वह स्त्री-विमर्श केदारजी की कविता में प्रारम्भिक दिनों से ही मिलता है, जैसा कि प्रेमचन्द में भी मिलता है। केदारजी वैसे भी कविता में प्रेमचन्द की विरासत को आगे बढ़ानेवाले रचनाकार हैं। 27 मार्च, 1933 को लिखी कविता **पति की टेक** (जो शिलाएँ तोड़ते हैं, पृ. 42), परिवार में स्त्री की दयनीय हैसियत का मार्मिक चित्रण है। **मुल्लो अहिरिन** (वही, 69), **गाँव की औरतें** (वही, 77), **देहात का जीवन** (वही, 91), **जहरी** (वही, पृ. 135), **सीता मैया** (वही, 150), **रनिया** (गुलमेहँदी, 48), **ब्याही अनब्याही** (कुहकी कोयल खड़े पेड़ की देह-188) आदि स्त्री-विमर्श की अवधारणा के अनेक पहलुओं को स्पर्श करती हैं। उनका उपन्यास **पतिया** तो स्त्री विमर्श का ही उपन्यास है।

इसी तरह 'दलित-विमर्श' की शर्तों में से यदि—दलित का लेखन ही दलित-विमर्श की कोटि में आएगा—को दरकिनार कर दें, तो केदारजी की कविताओं में दलित-विमर्श स्पष्ट रूप से देखा जा सकता है। **लकड़हारा** (बसन्त में प्रसन्न हुई पृथ्वी, 19), **मल्लाह** (वही, 23), **तकवैया** (वही, 26), **चन्दनवा चैती गाता है** (वही, 32), **देवी के बैल कोई खोल ले गया** (वही, 66), **मोची** (वही, 144), **चन्दू** (गुलमेहँदी, 46), **चैतू** (वही, 47), **मजदूर** (वही, 44), **कुली** (जो शिलाएँ, 153) आदि इसकी गवाह हैं। दलितों की दशा दयनीय भले ही हो लेकिन अगर वह संगठित होकर अपने पर आ गए तो दुनिया की कोई भी ताकत उनके आगे टिक नहीं सकती। सर्वहारा की ताकत सभी

ताकतों से बड़ी है—इस बात को भी केदारजी जानते हैं और हमें बताते भी हैं—**जब रोटी पर संकट आया/तब भूखे ने द्रोह मचाया/राज पलटकर रोटी लाया/रोटी ने इतिहास बनाया।**

केदारजी सहज और सरल जीवन जीनेवाले प्राणी थे। वह प्रशंसा और मान-सम्मान के खतरों को समझते थे इसीलिए लिखते हैं—(1) **मुझे न मारो/मन-पान से/माल्यार्पण से/यशोगान से।** (2) **सबसे आगे/हम हैं/पाँव दुखाने में/सबसे पीछे,/हम हैं/पाँव पुजाने में।** (3) **उतारकर धर दिया है मैंने अपना बड़प्पन।**

केदारजी वस्तुनिष्ठता के कवि हैं। पर उनकी वस्तुनिष्ठता कोरे रूप में कविता में नहीं आती। वस्तुनिष्ठता पहले उनकी आत्मनिष्ठता को निर्मित करती है और फिर दोनों की यौगिक संहति उनकी कविता की रचना करती है।

केदारनाथ अग्रवाल छोटी कविताओं के, बड़े अर्थोंवाले बड़े कवि हैं। ऐसी कविताएँ आकार में छोटी ज़रूर हैं, पर व्यंजना का विस्तार, अर्थ की अपार गहराई इनकी खासियत है। पूरी मानव जाति के विकास की महागाथा में प्रकृति और मनुष्य के रिश्ते को महज चन्द शब्दों में बयाँ करने की उनकी ताकत चुनौतीपूर्ण है—**पेड़ नहीं/पृथ्वी के वंशज हैं/फूल लिए/फल लिए मानव के अग्रज हैं।** ऐसी अनेक कविताएँ उनकी पूरी काव्य-सम्पदा में भरी पड़ी हैं।

केदारजी लोकभाषा और लोकचेतना के क्लासिक कवि हैं। लोक उनकी कविताओं को संगमरमर के भीतर जल रहे दीये की भाँति आलोकित किए हुए है। इनकी अनेक कविताओं की भाषा, इनका शब्द-विन्यास, इनकी शैली, इनकी कहन, इनके मुहावरे लोकथाती से ही निर्मित हुए हैं।

केदारजी मूल रूप से लय के कवि हैं। उनकी बहुत कम ऐसी कविताएँ हैं, जिनमें लयात्मकता न हो। देखने में अतुकांत लगनेवाली कविताएँ कहीं-कहीं गेयता की सीमा को छूती हुई, लयात्मक तुकांतता में पर्यवसित होती हैं। केदारजी की ऐसी ही कुछ अतुकांत कविताएँ पंडित जसराज ने संगीतबद्ध भी की हैं। लय उनकी कविता में उसी तरह अन्तर्भुक्त है, जैसे ज़िन्दगी में साँस।

प्रगतिशील कवि, महान मानवीय मूल्यों के, मनुष्य की स्वतन्त्रता के, साम्राज्यवाद और युद्ध के विरोधी तथा शान्ति के पक्षधर कवि होते हैं। केदारनाथ अग्रवाल की कविताओं में ये सभी तत्त्व पूरी ताकत और ईमानदारी से मौजूद हैं।

केदारजी की कविताओं का शिल्प उनकी विषयवस्तु से अनुशासित होता है।

केदारजी की कविताओं में और भी बहुत सी खासियतें हैं, पर पृष्ठों की सीमा का अतिक्रमण न हो, इसलिए शेष खासियतों की चर्चा मुल्तवी करता हूँ।

केदारजी ने लगभग ढाई हजार कविताएँ लिखी हैं। इतनी विपुल सम्पदा में से दस प्रतिशत से भी कम कविताओं के चयन की बन्दिश—बहुत मुश्किल और कठघरे में खड़े रहनेवाला काम है। केदारजी का रचना-संसार विषयवस्तु, भाषा और शिल्प के स्तर पर इतना वैविध्यपूर्ण है कि कितनी भी कोशिश की जाए, पृष्ठ संख्या की सीमा के कारण, कुछ न कुछ क्या, बहुत कुछ छूटने का खतरा अनिवार्य है। खैर! जब ओखली में सिर दे ही दिया है तो मूसलों का क्या डर!

कविताओं का क्रम रचना-तिथि के क्रम में दिया गया है।

अन्त में एक खुलासा कि राजकमल की 'प्रतिनिधि कविताएँ'—शृंखला में वरिष्ठतम प्रगतिशील कवि केदारनाथ अग्रवाल का संकलन अतिशय विलम्ब से क्यों आया। दरअसल इस अतिशय विलम्ब का कारण राजकमल की उदासीनता नहीं बल्कि कुछ दीगर बातें हैं।

राजकमल की कोशिश तो 'प्रतिनिधि कविताएँ' योजना के आरम्भ से ही थी कि केदारनाथ अग्रवाल की कविताएँ इस शृंखला में प्रकाशित हो। नामवरजी स्वयं इस कोशिश में थे कि केदारजी की नवीनतम कविताओं का संकलन राजकमल से छपे, साथ ही पूर्व प्रकाशित काव्य संकलनों से चुनी हुई कविताओं का एक वृहद् संकलन भी प्रकाशित हो। उन्होंने 19 अगस्त, 1965 को इस सिलसिले में केदारजी को एक पत्र भी लिखा था। वैसे भी, जब भी नामवर जी मिलते थे, अपनी यह इच्छा अवश्य जाहिर करते थे। लेकिन केदारजी ठहरे मूल्यपरस्त व्यक्ति—मौकापरस्ती से कोसों दूर।

'मित्र संवाद' (डॉ. रामविलास शर्मा और केदारजी के पत्रों का संकलन : सं.—रामविलास शर्मा, अशोक त्रिपाठी) में कई ऐसे उल्लेख हैं, जिनसे यह पता चलता है कि प्रारम्भिक वर्षों में लगातार प्रयत्न के बावजूद केदारजी की कविताओं के संग्रह प्रकाशित नहीं हो पाए। ऐसे समय में परिमल प्रकाशन, इलाहाबाद के मालिक शिवकुमार सहाय आगे आए और व्यावसायिक गणित को दरकिनार करते हुए—केदारजी के मना करने के बावजूद 1965 में उनकी कविताओं का संकलन 'फूल नहीं रंग बोलते हैं' प्रकाशित किया। फिर इसके बाद तो केदार साहित्य के एक मात्र प्रकाशक शिवकुमार सहाय हो गए। केदारजी का कहना था कि जब उन्हें कोई छापने को तैयार नहीं था तो सहायजी आगे

आए। इसलिए अब जब उनकी ख्याति हो गई है और कई नामी-गिरामी प्रकाशक उन्हें प्रकाशित करने का प्रस्ताव भेजने लगे हैं तो ऐसे में उनका यह धर्म नहीं बनता कि वह सहायजी को छोड़कर, मौके का फायदा उठाकर किसी और प्रकाशक से अपनी रचनाएँ प्रकाशित कराएँ। यही कारण था कि जब तक केदारजी जिन्दा रहे, राजकमल की कोशिश कामयाब नहीं हुई। केदारजी के देहावसान के बाद सहायजी से चर्चा हुई, राजकमल के सहयोग से वह प्रतिनिधि कविताएँ प्रकाशित करने के लिए राजी भी हो गए, लेकिन एकाध बिन्दुओं पर मतभेद के कारण यह काम सम्पन्न नहीं हो सका। कुछ वर्ष पहले सहायजी का भी निधन हो गया। श्री अशोक महेश्वरी ने फिर पहल की। केदारजी के बेटे श्री अशोक कुमार अग्रवाल से बात हुई। उन्होंने हामी भर दी। अब संकलन आपके सामने है।

इस संकलन को प्रकाशित करने में भाई अशोक महेश्वरी ने जिस धैर्य का परिचय दिया है, इसके लिए वह सचमुच साधुवाद के पात्र हैं।

—अशोक त्रिपाठी

483, कानूनगो अपार्टमेंट्स,
71, इन्द्रप्रस्थ एक्सटेंशन, दिल्ली-92

अनुक्रम

प्रतिनिधि कविताएँ

दोपहरी में नौका-विहार

कल जैसी दोपहरी बीती वैसी कभी न बीती!
यों तो जाने कैसी कैसी दोपहरी हैं बीतीं,
कमरों में प्यारे मित्रों में हँसते गाते बीतीं!
कल जैसी दोपहरी बीती वैसी कभी न बीती!
गंगा के मटमैले जल में छपछप डाँड़ चलाते,
सरसैया से परमठ होते, उल्टी गति में जाते,
तन का सारे जोर जमाते—धारा को कतराते,
आस-पास के जल-भ्रमरों से अपनी नाव बचाते,
धीरे-धीरे मजे-मजे से रुकते औ' सुसताते,
चुल्लू दो चुल्लू पानी पी मुँह को तरल बनाते,
आर-पार सब ओर ताकते आँखों को बहलाते,
पल-पल सूरज की गरमी में गोरे गात तपाते,
हाथों को मल-मल कर, रह रह दुख-संताप मिटाते,
फिर भी मौज मनाते, गाते, गुन-गुन गीत सुनाते,
खेते रहने की धुन में ही बढ़े चले थे जाते!
मैं था और मित्र थे मेरे, दोनों थे सैलानी;
काले धुँघराले केशों की वे थे खुली जवानी!
मैं थी लाल कपोलों वाली महिमामयी जवानी।
दो थे हम पर, दोनों की थी एक समान कहानी!
एक बजे से लेकर हमने साढ़े पाँच बजाये,
एक नहीं—छै छै छालों से दोनों हाथ दुखाये!
किन्तु नहीं हम इन छालों से किसी तरह घबराये,
चूम चूम तो हमने इनको मीठे दाख बनाये!

1937

प्रभात

आज मैंने रूप-रक्त प्रभात देखा!
अरुण-अंग-अबीर की रज
वायु-वंशी के सहस्रों छिद्र से झर,
संवरण बन,
सृष्टि पर छाई प्रचुरतर;
राग का, आह्लाद का संपात देखा!
वेश साजन का सजाए,
एक टोली में खड़े लाखों चने सब,
मत्त होकर,
घंटियाँ टुन-टुन बजाते,
श्याम तन को पूर्ण विद्रुम गात देखा!
गेहुँओं की बालियों को,
शीश से अंचल हटाकर, गुहे चोटी
यौवनातुर
लाज का परिधान तजकर,
नेह से सुस्मित मधुर प्रतिपात देखा!
धेनुओं को धेनु-शिशु को,
पूँछ नीचे और ऊपर फेर प्रतिपल,
आँख मूँदे,
रंग से बचते-बचाते,
मार्ग जाते, कूदते द्रुत-गात देखा!
आज मैंने रूप-रक्त प्रभात देखा!!

10.6.1941

बाप बेटा बेचता है

बाप बेटा बेचता है
भूख से बेहाल हो कर,
धर्म, धीरज, प्राण खो कर,
हो रही अनरीति बर्बर राष्ट्र सारा देखता है।

बाप बेटा बेचता है,

माँ अचेतन हो रही है,
मूर्छना में रो रही है,
दाम के निर्मम चरण पर प्रेम माथा टेकता है।

बाप बेटा बेचता है,
शर्म से आँखें न उठतीं,
रोष से छाती धधकती,
और अपनी दासता का शूल उर को छेदता है
बाप बेटा बेचता है।

1943

आजाद खून के दौरे से

आजाद खून के दौरे से
धमनी धारा हो बहती है;
हरदम पहाड़ से लड़ती है;
चट्टान तोड़ती बढ़ती है;
निर्भय दहाड़ती रहती है!

आजाद खून की ताकत से
हड्डी लोहा हो जाती है,
चोटें पर चोटें खाती है—
आफत से कूटी जाती है,
पर नहीं टूटने आती है!

आजाद खून की गरमी से
टेढ़ा रोआँ गरमाता है
गरमी पाकर तन जाता है,
फिर नहीं झुकाया जाता है—
ऐसा बलीन हो जाता है!

आजाद खून की साँसों से
मुरदा बस्ती जी उठती है,
चौड़ी छाती में हँसती है,

फिर नहीं ढहाये ढहती है
फिर नहीं मिटाये मिटती है!

आजाद खून के गौरव से
जीवन से दुख मिट जाता है,
प्राणों से भय हट जाता है,
निर्भीक हृदय हो जाता है,
मस्तक ऊँचा हो जाता है।

1943

जनता

अत्याचारों के होने से,
लोहू के बहने चुसने से,
बोटी-बोटी नुच जाने से,
किसी देश या किसी राष्ट्र की
कभी नहीं जनता मरती है!

मुरदा होकर भी जीती है
बंदी रहकर भी जीती है
साँसों-साँसों पर उड़ती है
किसी देश या किसी राष्ट्र की
कभी नहीं जनता मरती है!

सब देशों में सब राष्ट्रों में
शासक ही शासक मरते हैं
शोषक ही शोषक मरते हैं
किसी देश या किसी राष्ट्र की
कभी नहीं जनता मरती है।

जनता सत्यों की भार्या है
जागृत जीवन की जननी है
महामही की महाशक्ति है
किसी देश या किसी राष्ट्र की
कभी नहीं जनता मरती है।

6.3.1945

एका का बल

डंका बजा गाँव के भीतर,
सब चमार हो गए इकट्ठा।
एक उठा बोला दहाड़ कर :
"हम पचास हैं,
मगर हाथ सौ फौलादी हैं।
सौ हाथों के एका का बल बहुत बड़ा है।
हम पहाड़ को भी उखाड़कर रख सकते हैं।
जमींदार यह अन्यायी है।
कामकाज सब करवाता है,
पर पैसे देता है छै ही।
वह कहता है 'बस इतना लो,
काम करो, या गाँव छोड़ दो।'
पंचो! यह बेहद बेजा है!
हाथ उठाओ,
सब जन गरजो:
गाँव छोड़ कर नहीं जायेंगे,
यहीं रहे हैं, यहीं रहेंगे,
और मजूरी पूरी लेंगे,
बिना मजूरी पूरी पाये
हवा हाथ से नहीं झलेंगे।"
हाथ उठाये,
फन फैलाये,
सब जन गरजे।
फैले फन की फुफकारों से
जमींदार की लक्ष्मी रोयी!!

5.8.1946

न मारौ नजरिया

हमका न मारौ नजरिया
ऊँची अटरिया माँ बैठी रहौ तुम,

राजा की ओढ़े चुनरिया।
वेवेल के संगे माँ घूमौ झमाझम,
हमको बिसारे गुजरिया।।

संगी-संहाती तबलचिन का लै कै,
दुयाखौ बिदेसी बजरिया।
गावौ, बजावौ, मजे माँ बितावौ
ऐसी न अइहै उमरिया।।

राजा के हिरदय से हिरदय मिलावौ,
करती रहौ रँगरलियाँ।
हमका पियारा है भारत हमारा,
तुमका पियारा फिरँगिया।।
हमका न मारौ नजरिया!

28.12.1946

क्या लाये

लंदन गये—लौट आये।
बोलौ! अजादी लाये?
नकली मिली या कि असली मिली है?
कितनी दलाली में कितनी मिली है?
आधी तिहाई कि पूरी मिली है?
कच्ची कली है कि फूली-खिली है?
कैसे खड़े शरमाये?
बोलौ! अजादी लाये?
राजा ने दी है कि वादा किया है?
पैथिक ने दी है कि वादा किया है?
आशा दिया है दिलासा दिया है!
ठेंगा दिखाकर रवाना किया है!
दोनों नयन भर लाये!
अच्छी अजादी लाये?

28.12.1946

घन-जन

घन गरजे जन गरजे
बंदी सागर को लख कातर
एक रोष से
घन गरजे जन गरजे
क्षत-विक्षत लख हिमगिरि अंतर
एक रोष से
घन गरजे जन गरजे
क्षिति की छाती को लख जर्जर
एक शोध से
घन गरजे जन गरजे
देख नाश का तांडव बर्बर
एक बोध से।
घन गरजे जन गरजे।

1946

धरती

यह धरती है उस किसान की
जो बैलों के कंधों पर
बरसात घाम में,
जुआ भाग्य का रख देता है,
खून चाटती हुई वायु में,
पैनी कुसी खेत के भीतर,
दूर कलेजे तक ले जाकर,
जोत डालता है मिट्टी को,
पाँस डालकर,
और बीज फिर बो देता है
नये वर्ष में नयी फसल के।
ढेर अन्न का लग जाता है।
यह धरती है उस किसान की।

नहीं कृष्ण की,
नहीं राम की,

नहीं भीम, सहदेव, नकुल की,
नहीं पार्थ की,
नहीं राव की, नहीं रंक की,
नहीं तेग, तलवार, धर्म की
नहीं किसी की, नहीं किसी की;
धरती है केवल किसान की।

सूर्योदय, सूर्यास्त असंख्यों
सोना ही सोना बरसाकर
मोल नहीं ले पाए इसको;
भीषण बादल
आसमान में गरज-गरजकर
धरती को न कभी हर पाये,
प्रलय सिंधु में डूब-डूबकर
उभर-उभर आयी है ऊपर।
भूचालों-भूकम्पों से यह मिट न सकी है।

यह धरती है उस किसान की,
जो मिट्टी का पूर्ण पारखी,
जो मिट्टी के संग साथ ही,
तपकर,
गलकर,
जीकर,
मरकर,
खपा रहा है जीवन अपना,
देख रहा है मिट्टी में सोने का सपना;
मिट्टी की महिमा गाता
मिट्टी के ही अंतस्तल में,
अपने तन की खाद मिलाकर,
मिट्टी को जीवित रखता है;
खुद जीता है।
यह धरती है उस किसान की!

1946

कटुई का गीत

काटो काटो काटो करबी
साइत और कुसाइत क्या है
जीवन से बढ़ साइत क्या है

काटो काटो काटो करबी
मारो मारो मारो हँसिया
हिंसा और अहिंसा क्या है
जीवन से बढ़ हिंसा क्या है

मारो मारो मारो हँसिया
पाटो पाटो पाटो धरती
धीरज और अधीरज क्या है
कारज से बढ़ धीरज क्या है

पाटो पाटो पाटो धरती
काटो काटो काटो करबी

1946

डाँगर

ये कामचोर
आरामतलब
मोटे तोंदियल भारी भरकम
हट्टे-कट्टे सब डाँगर ऊँघा करते हैं;
हम चौबिस घंटे हँफते हैं।

है भूख बड़ी लम्बी-चौड़ी–
दस बीस जनों का सब खाना
ये एक अकेले खाते हैं;
दिन भर ही पागुर करते हैं
हम भूखे ही रह जाते हैं।

सिरदर्द हमें दुख देता है,
ज्वर बात हमें दुख देता है;
आँखों में पीर समाई है;
हट्टे-कट्टे डाँगर डकारते रहते हैं;
क्षय रोग हमें भख जाता है।

पेड़ों की लंबी छाया में
ठंढी बयार के झोंकों में
दुख-दुनिया से आँखें मीचे,
सपनों से रीझे रहते हैं
हम तो काँटों से रुँधते हैं।
बस जीभ घुमाने भर को है,
दो कान डुलाने भर को हैं;
दो सींग दिखाने भर को हैं,
बस पूँछ दबाने भर को है!
हम सीना खोले फिरते हैं!!

ये नीच प्रकृति,
ये भ्रष्ट-बुद्धि,
आजाद बिचरने के दुश्मन
हट्टे-कट्टे डाँगर उठकर
आगे बढ़ने से डरते हैं।
हम आजादी को मरते हैं।॥

1946

चित्रकूट के बौड़म यात्री

चित्रकूट के बौड़म यात्री,
सेतुआ, गुड़ गठरी में बाँधे;
गठरी को लाठी पर साधे
लाठी को काँधे पर टाँगे
दिनभर अधरम करने वाले,
परनारी को ठगने वाले;
परसम्पति को हरने वाले,

भीषण हत्या करने वाले,
धर्म लूटने के अधिकारी
टोली की टोली में निकले,
जैसे गुड़ के लोभी चींटे,
लंबी एक कतार बनाके
अपने-अपने बिल से निकले!
बंडी, काली तेलही पहने;
धोती ओछी गंदी पहने;
गंदे जीवन के अधिकारी,
स्वर्ग पहुँचने की इच्छा से
लंबे-लंबे कदमें धरते,
जल्दी-जल्दी साँसें भरते,
नंगे पैरों पैदल चलते!!
मैं बैठे सोचा करता हूँ—
ऐसे कैसे बौड़म यात्री!
गंदे जीवन से पाएँगे,
नंगे पैरों पैदल चलके,
अपने मन का कल्पित स्वर्ग!!

1946

दीन कुनबा

दीन दुखी यह कुनबा,
जाड़े की थरथर में कँपता
अपनी चौपारी में बैठा,
ताप रहा है कौड़ा!!
लकड़ी कंडे सुलग रहे हैं,
आग लगी है;
थोड़ी थोड़ी लपक उठी है;
धुआँ बढ़ा है;
बाहर नहीं निकल पाता है
सबको घेरे रह जाता है!!

1946

बुंदेलखंड के आदमी

हट्टे-कट्टे हाड़ों वाले,
चौड़ी, चकली काठी वाले
थोड़ी खेती-बाड़ी रक्खे
केवल खाते-पीते जीते!

कत्था चूना लौंग सुपारी
तंबाकू खा पीक उगलते,
चलते - फिरते, बैठे - ठाढ़े
गंदे यश से धरती रँगते!

गुड़गुड़ गुड़गुड़ हुक्का पकड़े,
खूब धड़ाके धुआँ उड़ाते,
फूहड़ बातों की चर्चा के
फौवारे फैलाते जाते!

दीपक की छोटी बाती की
मंदी उजियारी के नीचे
घंटों आल्हा सुनते-सुनते
सो जाते हैं मुरदा जैसे!!

1946

पैतृक संपत्ति

जब बाप मरा तब यह पाया,
भूखे किसान के बेटे ने :
घर का मलवा, टूटी खटिया,
कुछ हाथ भूमि—वह भी परती।

चमरौधे जूते का तल्ला,
छोटी, टूटी बुढ़िया औंगी,
दरकी गोरसी बहता हुक्का,
लोहे की पत्ती का चिमटा।

कंचन सुमेरु का प्रतियोगी
द्वारे का पर्वत घूरे का,
बनिया के रुपयों का कर्जा
जो नहीं चुकाने पर चुकता।

दीमक, गोजर, मच्छर, माटा—
ऐसे हजार सब सहवासी।
बस यही नहीं, जो भूख मिली
सौगुनी बाप से अधिक मिली।

अब पेट खलाये फिरता है।
चौड़ा मुँह बाये फिरता है।
वह क्या जाने आजादी क्या?
आजाद देश की बातें क्या?? *1946*

मैं घूमूँगा केन किनारे

मैं घूमूँगा केन किनारे
यों ही जैसे आज घूमता
लहर-लहर के साथ झूमता
संध्या के प्रिय अधर चूमता
दुनिया के दुख-द्वंद्व बिसारे
मैं घूमूँगा केन-किनारे
यों ही जैसे आज घूमता
छाया-छल का साथ छूटता
झूठा वैभव स्वप्न टूटता
ये घोंघे अनमोल बटोरे
मैं घूमूँगा केन किनारे! *1946*

बैठा हूँ इस केन किनारे

बैठा हूँ इस केन किनारे!
दोनों हाथों में रेती है,
नीचे, अगल-बगल रेती है

होड़ राज्य-श्री से लेती है
मोद मुझे रेती देती है
रेती पर ही पाँव पसारे
बैठा हूँ इस केन किनारे
धीरे-धीरे जल बहता है
सुख की मृदु थपकी लहता है
बड़ी मधुर कविता कहता है
नभ जिस पर बिम्बित रहता है
मैं भी उस पर तन-मन वारे
बैठा हूँ इस केन किनारे।
प्रकृति-प्रिया की माँग चमकती
चटुल मछलियाँ उछल चमकतीं
बगुलों की प्रिय पाँत चमकती
चाँदी जैसी रेत दमकती
मैं भी उज्ज्वल भाग्य निखारे
बैठा हूँ इस केन किनारे!

1946

चंद्रगहना से लौटती बेर

देख आया चंद्रगहना।
देखता हूँ दृश्य अब मैं
मेड़ पर इस खेत की बैठा अकेला।

एक बीते के बराबर
यह हरा ठिंगना चना,
बाँधे मुरैठा शीश पर
छोटे गुलाबी फूल का,
सज कर खड़ा है।

पास ही मिल कर उगी है
बीच में असली हठीली
देह की पतली, कमर की है लचीली
नील फूले फूल को सिर पर चढ़ा कर

कह रही है, 'जो छुए यह
दूँ हृदय का दान उसको।'

और सरसों की न पूछो–
हो गयी सबसे सयानी,
हाथ पीले कर लिये हैं,
ब्याह-मंडप में पधारी;
फाग गाता मास फागुन
आ गया है आज जैसे।

देखता हूँ मैं : स्वयंवर हो रहा है,
प्रकृति का अनुराग-अंचल हिल रहा है
इस बिजन में
दूर व्यापारिक नगर से
प्रेम की प्रिय भूमि उपजाऊ अधिक है।

और पैरों के तले हैं एक पोखर,
उठ रहीं इसमें लहरियाँ,
नील तल में जो उगी है घास भूरी
ले रही वह भी लहरियाँ।

एक चाँदी का बड़ा-सा गोल खंभा
आँख को है चकमकाता।

हैं कई पत्थर किनारे
पी रहे चुपचाप पानी,
प्यास जाने कब बुझेगी!

चुप खड़ा बगुला डुबाये टाँग जल में,
देखते ही मीन चंचल
ध्यान निद्रा त्यागता है,
चट दबा कर चोंच में
नीचे गले के डालता है!

एक काले माथ वाली चतुर चिड़िया
श्वेत पंखों के झपाटे मार फौरन
टूट पड़ती है भरे जल के हृदय पर,
एक उजली चटुल मछली
चोंच पीली में दबा कर
दूर उड़ती है गगन में!

औ' यहीं से—
भूमि ऊँची है जहाँ से—
रेल की पटरी गयी है।
ट्रेन का टाइम नहीं है।

मैं यहाँ स्वच्छंद हूँ,
जाना नहीं है।

चित्रकूट की अनगढ़ चौड़ी
कम ऊँची-ऊँची पहाड़ियाँ
दूर दिशाओं तक फैली हैं।

बाँझ भूमि पर
इधर-उधर रींवा के पेड़
काँटेदार कुरूप खड़े हैं।

सुन पड़ता है
मीठा-मीठा रस टपकाता
सुग्गे का स्वर
टें टें टें टें;
सुन पड़ता है
वनस्थली का हृदय चीरता,
उठता-गिरता
सारस का स्वर
टिरटों टिरटों;
मन होता है—

उड़ जाऊँ मैं
पर फैलाये सारस के संग
जहाँ जुगुल जोड़ी रहती है
हरे खेत में,
सच्ची प्रेम कहानी सुन लूँ
चुप्पे-चुप्पे। 1946

हम उजाला जगमगाना चाहते हैं

हम उजाला जगमगाना चाहते हैं
अब अँधेरे को हटाना चाहते हैं

हम मरे दिल को जिलाना चाहते हैं
हम गिरे सिर को उठाना चाहते हैं

बेसुरा स्वर हम मिलाना चाहते हैं
ताल-तुक पर गान गाना चाहते हैं

हम सबों को सम बनाना चाहते हैं
अब बराबर पर बिठाना चाहते हैं

हम उन्हें धरती दिलाना चाहते हैं
जो वहाँ सोना उगाना चाहते हैं। 28.9.1946

माँझी! न बजाओ वंशी

माँझी! न बजाओ बंशी मेरा मन डोलता
मेरा मन डोलता है जैसे जल डोलता
जल का जहाज जैसे पल-पल डोलता
माँझी! न बजाओ बंशी मेरा प्रन टूटता
मेरा प्रन टूटता है जैसे तृन टूटता
तृन का निवास जैसे बन-बन टूटता
माँझी! न बजाओ बंशी मेरा तन झूमता

मेरा तन झूमता है तेरा तन झूमता
मेरा तन तेरा तन एक बन झूमता। 1946

बसंती हवा

हवा हूँ, हवा, मैं बसंती हवा हूँ!
वही हाँ, वही जो युगों से गगन को
बिना कष्ट-श्रम के सम्हाले हुए हूँ;
हवा हूँ, हवा, मैं बसंती हवा हूँ।

वही हाँ, वही जो धरा का बसंती
सुसंगीत मीठा गुँजाती फिरी हूँ;
हवा हूँ, हवा, मैं बसंती हवा हूँ।

वही हाँ, वही जो सभी प्राणियों को
पिला प्रेम-आसव जिलाये हुए हूँ,
हवा हूँ, हवा, मैं बसंती हवा हूँ।

कसम रूप की है, कसम प्रेम की है,
कसम इस हृदय की, सुनो बात मेरी—
अनोखी हवा हूँ, बड़ी बावली हूँ!
बड़ी मस्तमौला, नहीं कुछ फिकर है,
बड़ी ही निडर हूँ, जिधर चाहती हूँ
उधर घूमती हूँ, मुसाफिर अजब हूँ!

न घर-बार मेरा, न उद्देश्य मेरा,
न इच्छा किसी की, न आशा किसी की,
न प्रेमी, न दुश्मन,
जिधर चाहती हूँ उधर घूमती हूँ!
हवा हूँ, हवा, मैं बसंती हवा हूँ।

जहाँ से चली मैं, जहाँ को गयी मैं,
शहर, गाँव, बस्ती,

नदी, रेत, निर्जन, हरे खेत, पोखर,
झुलाती चली मैं, झुमाती चली मैं,
हवा हूँ, हवा, मैं बसन्ती हूँ।

चढ़ी पेड़ महुआ, थपाथप मचाया,
गिरी धम्म से फिर, चढ़ी आम ऊपर
उसे भी झकोरा, किया कान में 'कू',
उतर कर भगी मैं हरे खेत पहुँची–
वहाँ गेहुँओं में लहर खूब मारी,
पहर दो पहर क्या, अनेकों पहर तक
इसी में रही मैं।

खड़ी देख अलसी लिये शीश कलसी,
मुझे खूब सूझी!
हिलाया-झुलाया, गिरी पर न कलसी!
इसी हार को पा
हिलायी न सरसों, झुलायी न सरसों,
मजा आ गया तब,
न सुध-बुध रही कुछ,
बसंती नवेली भरे गात में थी!
हवा हूँ, हवा, मैं बसंती हवा हूँ!

मुझे देखते ही अरहरी लजायी,
मनाया-बनाया, न मानी, न मानी
उसे भी न छोड़ा–
पथिक आ रहा था, उसी पर ढकेला,
लगी जा हृदय से, कमर से चिपक कर,
हँसी जोर से मैं, हँसी सब दिशाएँ
हँसे लहलहाते हरे खेत सारे,
हँसी चमचमाती भरी धूप प्यारी,
बसंती हवा में हँसी सृष्टि सारी!
हवा हूँ, हवा, मैं बसंती हवा हूँ।।

1946

कानपुर

चोटों पर चोटें जो घन की
खाकर कभी नहीं तड़की है,
उस हड्डी पर—उस पसली पर
श्रमजीवी की उस छाती पर,
कानपुर का शहर सजीला,
कई मील के लंबे-चौड़े
मिलों कारखानों को घेरे
घंटाघर ले बसा हुआ है।
कंकड़, पत्थर, कोलतार की
काली-काली चौड़ी सड़कें—
दूकानों का बोझा लादे
गहरी निद्रा में लेटी हैं।

कई टनों के पर्वत : जैसे
सड़क कूटने वाले इंजन,
मनों बोझ के टायर पहने
चलने वाले लाखों मोटर,
लोहे की पटरी की सड़कें,
भारी-भरकम रेलगाड़ियाँ
उस हड्डी पर—उस पसली पर
चलने-फिरने में तन्मय हैं।

घाट, धर्मशाले, अदालतें
विद्यालय, वेश्यालय सारे
होटल, दफ्तर, बूचड़खाने,
मंदिर, मस्जिद, हाट, सिनेमा,
श्रमजीवी की उस हड्डी से
टिके हुए हैं—जिस हड्डी को
सभ्य आदमी के समाज ने
टेढ़ी करके मोड़ दिया है!!

कानपुर की सारी सत्ता–
श्रमजीवी की ही सत्ता है!
कानपुर की सारी माया
श्रमजीवी की ही माया है!! *1946*

तेज धार का कर्मठ पानी

तेज धार का कर्मठ पानी,
चट्टानों के ऊपर चढ़ कर,
मार रहा है
घूँसे कस कर
तोड़ रहा है तट चट्टानी! *1946*

वीरांगना

मैंने उसको
जब-जब देखा,
लोहा देखा,
लोहा जैसा–
तपते देखा,
गलते देखा,
ढलते देखा,
मैंने उसको
गोली जैसा
चलते देखा! *1946*

धीरे उठाओ मेरी पालकी

धीरे उठाओ मेरी पालकी
मैं हूँ सुहागिन गोपाल की
बेला है फूलों के माल की

फूलों के माल की—
धीरे उठाओ मेरी पालकी।

धीरे उठाओ मेरी पालकी
मैं हूँ बँसुरिया गोपाल की
बेला है गीतों के ताल की
गीतों के ताल की—
धीरे उठाओ मेरी पालकी।

धीरे उठाओ मेरी पालकी
मैं हूँ सुरतिया गोपाल की
बेला है मनसिज के ज्वाल की
मनसिज के ज्वाल की—
धीरे उठाओ मेरी पालकी।

1946

नाव मेरी पुरइन के पात की

नाव मेरी पुरइन के पात की,
कोमल है गात की,

व्याकुल है जैसे कि चातकी,
स्वाती के स्वाद की!

लाखों हैं लहरें आघात की,
पीड़ा है पातकी,

छायी अँधेरी है रात की—
भारी विषाद की।

नाव खेयो पुरइन के पात की,
किरनों से प्राप्त की,

साहस की उँगली से बात की,
मीड़ों से नाद की। 1946

टूटें न तार तने जीवन-सितार के

टूटें न तार तने जीवन-सितार के
ऐसा बजाओ इन्हें प्रतिभा की ताल से,
किरनों से, कुंकुम से, सेंदुर-गुलाल से,
लज्जित हो युग का अँधेरा निहार के।

टूटें न तार तने जीवन-सितार के
ऐसा बजाओ इन्हें ममता की ज्वाल से
फूलों की उँगली के कोमल प्रवाल से,
पूरे हों सपने अधूरे सिंगार के।

टूटें न तार तने जीवन-सितार के
ऐसा बजाओ इन्हें सौरभ के श्वास से,
आशा की भाषा से, यौवन के हास से,
छाया बसंत रहे उपवन में प्यार के। 1946

खेत का दृश्य

आसमान की ओढ़नी ओढ़े,
धानी पहने
फसल घँघरिया,
राधा बन कर धरती नाची,
नाचा हँसमुख
कृषक सँवरिया।
माती थाप हवा की पड़ती,
पेड़ों की बज
रही ढुलकिया,
जी भर फाग पखेरू गाते,
ढरकी रस की
राग-गगरिया!

मैंने ऐसा दृश्य निहारा,
मेरी रही न
मुझे खबरिया,
खेतों के नर्तन-उत्सव में,
भूला तन-मन
गेह-डगरिया।

1946

धूप का गीत

धूप धरा पर उतरी
जैसे शिव के जटाजूट पर
नभ से गंगा उतरी।
धरती भी कोलाहल करती
तम से ऊपर उभरी!!
धूप धरा पर बिखरी!!

बरसी रवि की गगरी,
जैसे ब्रज की बीच गली में
बरसी गोरस गगरी।
फूल-कटोरों-सी मुसकाती
रूप-भरी है नगरी!!
धूप धरा पर निखरी!!

1946

मिल मालिक

मिल मालिक का बड़ा पेट है
बड़े पेट में बड़ी भूख है
बड़ी भूख में बड़ा जोर है
बड़े जोर में ज़ुलुम घोर है

मिल मालिक का बड़ा पेट है
अत्याचारी नीति धारता

शोषण का कटु दाँव मारता
गला-काट पंजा पसारता

मिल मालिक का बड़ा पेट है
मजदूरों को नहीं छोड़ता
उन्हें चूसकर तोष तोलता
एकाकी ही स्वर्ग भोगता। *15.6.1947*

खेतिहर

अबकी धान बहुत उपजा है
पेड़ इकहरे दुगुन गये हैं
धरती पर लद गयी फसल है
रत्ती भर अब जगह नहीं है
खेत काटने की इच्छा से
खेतिहर प्रिय जन साथ समेटे
काछा मारे—देह उघारे
आ धमका है आज सबेरे
सबके हाथों में हँसिया है
सबकी बाँहों में ताकत है
जल्दी जल्दी साँसें लेते
सब जन मन से काट रहे हैं
एक लगन से, एक ध्येय से
जीवन का श्रम सफल हुआ है
जिंदा दिल होकर उठने को
खाने को भरपूर मिला है *24.7.1947*

कमकर

कमकर,
रोकर— हाथ जोड़कर,
पाँव पूजकर,

दया-भीख से
नहीं कमाते अपनी रोटी।

वह दिन भर
मेहनत करते हैं;
पत्थर लोहे से लड़ते हैं,
लड़ते लड़ते घिस जाते हैं,
घिसते घिसते मिट जाते हैं,
तब पाते हैं
अपनी रोटी, अपना चिथड़ा,
अपना दरबा!

उनके शोषक पूँजीपति हैं,
जो उनकी मेहनत की पूँजी,
अपने बैंकों में धरते हैं;
जो उनके पौरुष-प्रतिभा को
जल्दी जल्दी चर जाते हैं,
मोटे होकर इतराते हैं,
और उन्हें मुरदा करते हैं!

पर
अब युग ने पलटा खाया
उनमें बल लड़ने का आया
वह
शोषण से युद्ध ठानते
थैलीशाहों को पछाड़ते
माँगों को स्वीकार कराते

चेत गये हैं कमकर सारे
साम्यवाद की अर्थ नीति से
राजनीति को जीत रहे हैं!!

8.10.1947

शपथ

आज हँसे हम।
जमी बर्फ ओंठों से पिघली,
फाँसी का फंदा भी छूटा,
गला खुला अब!

ढाई सौ वर्षों के बाद,
हाथ-पाँव की कड़ियाँ तड़कीं,
छाती से सब कीलें उखड़ीं,
सूखा लोहू नस-नस दौड़ा,
हृदय जिया अब!

ढाई सौ वर्षों के बाद,
भाई ने भाई को भेंटा,
माँओं ने पुत्रों को चूमा,
उर-उरोज से पति-पत्नी का,
मिलन हुआ अब।

ढाई सौ वर्षों के बाद,
किंतु, झोपड़ी वही खड़ी है,
नयी ईंट तक नहीं लगी है,
बड़ी गरीबी भरी पड़ी है,
वही धुआँ है,
वही क्षुधा है,
वही कर्ज है,
वही सूद है,
वही जमींदारों का छल है,
मानव से मानव शोषित है!

अतः आज हम हँसते-हँसते,
नयी शपथ यह प्रथम करेंगे,
शोषक का साम्राज्य हरेंगे,

जनवादी सरकार करेंगे,
निधड़क हम निर्माण करेंगे;
रात और दिन काम करेंगे,
पाँच साल में पूरा भारत,
स्वर्ग करेंगे—स्वर्ग करेंगे!
आज हँसे हम, सदा हँसेंगे!!

10.10.1947

गेहूँ

आर-पार चौड़े खेतों में
चारों ओर दिशाएँ घेरे
लाखों की अगणित संख्या में
ऊँचा गेहूँ डटा खड़ा है।
ताकत में मुट्ठी बाँधे है;
नोकीले भाले ताने है;
हिम्मत वाली लाल फौज-सा
मर मिटने को झूम रहा है।

फागुन की मस्ती के झोंके
दौड़े आते हैं उड़-उड़ के,
अंगों में, बाहों में कस के
उसकी मति को मंद बनाने;
और धूप की गरम गोद में
वैभव की चितवन के नीचे
मीठी मीठी नींद सुला के
उसका दृढ़ अस्तित्व मिटाने!

लेकिन गेहूँ नहीं हारता
नहीं प्रेम से विचलित होता;
हँसिया से आहत होता है
तन की, मन की बलि देता है;
पौरुष का परिचय देता है;
सतत घोर संकट सहता है;

अंतिम बलिदानों से अपने
सबल किसानों को करता है। 1947

गुम्मा ईंट

न कच्ची है
न सेवर है
न कोई खोखलापन है
समूची ठोस है, ठस है
बड़ी पक्की, बड़ी मजबूत हस्ती है
न यह होती
न टिकने की जगह होती
न बुनियादी सहारा आसरा होता
न बालू और पानी पर
खड़ा कोई किला होता।
इसी का दम है, बूता है
कि छोटे से बड़ा निर्माण करती है
न आँधी से
न पानी से
न तूफानों से डरती है
बला से, मौत से, आफत से लड़ती है। 1947

गर्रा नाला

काली मिट्टी, काले बादल का बेटा है।
टक्कर पर टक्कर देता, धक्के देता है।।
रोड़ों से वह बेहारे, लोहा लेता है।
नंगे, भूखे कंगले लोगों का नेता है।।

आगे, आगे, आगे, आगे, सर्राता है।
खोए, सोए, मैदानों को थर्राता है।।
आओ, आओ, आओ, आओ, अर्राता है।
जीतो, जीतो, जीतो, जीतो, नर्राता है।। 1947

स्टैचू

घास पर लेटा हुआ था—
सब कहीं काले सिलेटी मलिन धब्बे
व्योम में फैले हुए थे,
दीनता की हर बड़ी गठरी सरीखी दिख रहा था
सिर धरे जिसको समेटे बसुमती
—निज पुरातन आयु का सब कुछ सँभाले—
राह पर लकड़ी टिकाए, कमर तोड़े
चुप खड़ी थी (अंत में यह दृश्य देखा)।
आदि में पर खूब देखा।
श्वेत प्रस्तर खंड में भी
नग्न नारी देह सुंदर
मांस की मृदुता भरे थी,
चाँदनी मय स्वस्थ यौवन खुल रहा था,
हँस ग्रीवा के सुकोमल वृत्त पर
मुख था कलामय;
सूक्ष्म भाव प्रवाह वाहक
तार वीणा के सदृश, सब
केश जूड़े के खिंचे थे,
राह भूले नेत्र-नेही खुल गये थे
बंद होंगे फिर न जैसे, रस भरे दोनों अधर
होकर कड़े अति सट गये थे,
और कंधों से तनिक नीचे उतरकर,
वासना के हाथ से अबतक अछूते औ' अदोलित
दो मृदुल दलदार वृत्ताकार कुच थे
ठीक जिनके बीच में सँकरे सुथल पर
पंचशर ने पुष्प वाणों को घेरा था।
क्षीण कटि थी
पीन जाँघें
चल नहीं सकते चरण थे।
दूर अतिशय दूर...
धूमिल क्षितिज—रेखा—पार जाकर

आज तक आया न प्रेमी मूर्तिकार।
नग्न नारी प्राण प्यारी चुप खड़ी थी। *1947*

यदि आयेगा डालर

यहाँ हमारी जन्मभूमि पर यदि आयेगा डालर,
तो वह सौदा-सुलुफ बेचकर,
मातृभूमि का सारा सोना ले जायेगा;
अमरीका में अपनी सड़कें,
उस सोने की बनवायेगा;
और चलेगा उस पर सजकर तामझाम से,
वह शराब के प्याले पीता।

उसके मंत्री और मित्रगण,
राजकाज के सब अधिकारी,
उसके पीछे साथ चलेंगे।

वह अपने साम्राज्यवाद के घोर नशे में,
भारतीय पूँजीपतियों से साँठ-गाँठकर,
क्रय दिल्ली की राजनीति कर लेगा;
नेहरू और पटेल आदि की मति हर लेगा।
फिर मारेगा जालिम कोड़े;
खून हमारा बह निकलेगा।
पीठ हमारी छिल जायेगी;
बंद करेगा हमें जेल में;
रोजगार भी अपने हित का खूब करेगा;
और हमारे तन की चमड़ी
अपने 'ड्रम' के मुँह पर मढ़कर,
उसे बजाकर,
तानाशाही की प्रभुता का शोर करेगा।

हम उसके बर्बर शासन से मिट जायेंगे;
हम उसके दुर्दम शोषण से मर जायेंगे;

लेकिन हॉलीवुड के भीतर
वह नाचेगा औ' गायेगा,
मिस अमरीका के प्रिय ओंठों पर,
सौ-सौ चुम्बन बरसायेगा!!

9.8.1948

नेता

लंदन में बिक आया नेता, हाथ कटाकर आया।
एटली-बेविन-अंग्रेजों में, खोया और बिलाया।।
भारत-माँ का पूत-सिपाही, पर घर में भरमाया।
अंग्रेजी-साम्राज्यवाद का, उसने डिनर उड़ाया।।
अर्थनीति में राजनीति में, गहरा गोता खाया।
जनवादी भारत का उसने, सब कुछ वहाँ गँवाया।।
गोरी चमड़ी की बातों ने, उस पर रंग जमाया।
रीझ-रीझकर, उसके आगे, उसने शीश नवाया।।
कूट हलाहल पीकर उसने, अपनी प्यास बुझाया।
और धुएँ में तैर-तैरकर, काफी नाम कमाया।।
वह तो अब बिल्कुल लगता है, टेम्स नदी का जाया।
पौंड देश का भक्त-भिखारी, डालर का दुलराया।।
कहता है केदार सुनो जी! हमको नहीं सुहाया।
मुरदों ने जिंदा नेता को, अपना कौर बनाया।।
कान काटने गया, न लेकिन, कान काटकर आया।
उल्टे अपनी नाक कटाकर, देखो रोता आया।।

1.11.1948

जो शिलाएँ तोड़ते हैं

जिंदगी को
वह गढ़ेंगे जो शिलाएँ तोड़ते हैं,
जो भगीरथ नीर की निर्भय शिराएँ मोड़ते हैं।
यज्ञ को इस शक्ति-श्रम के
श्रेष्ठतम मैं मानता हूँ!!

जिंदगी को
वह गढ़ेंगे जो खदानें खोदते हैं,
लौह के सोये असुर को कर्म-रथ में जोतते हैं।
यज्ञ को इस शक्ति-श्रम के
श्रेष्ठतम मैं मानता हूँ!!

जिंदगी को
वह गढ़ेंगे जो प्रभंजन हाँकते हैं,
शूरवीरों के चरण से रक्त-रेखा आँकते हैं।
यज्ञ को इस शक्ति-श्रम के
श्रेष्ठतम मैं मानता हूँ!!

जिंदगी को
वह गढ़ेंगे जो प्रलय को रोकते हैं,
रक्त से रंजित धरा पर शांति का पथ खोजते हैं।
यज्ञ को इस शक्ति-श्रम के
श्रेष्ठतम मैं मानता हूँ!!

मैं नया इंसान हूँ इस यज्ञ में सहयोग दूँगा।
खूबसूरत जिंदगी की नौजवानी भोग लूँगा।।

9.11.1948

मोरचे पर

मैं लड़ाई लड़ रहा हूँ मोरचे पर।
जिंदगी की फौज मेरी शक्तिशाली
मैं जिसे लेकर यहाँ पर आ डटा हूँ—
घुड़सवारों पर जिसे अभिमान है,
पैदलों का सिंधु जिसके साथ है,
टैंक लाखों ही यहाँ मौजूद हैं,
तोपची जिसके कुशल करतार हैं,
आज आगे बढ़ रही है—
वेग से, बल से, उमड़ कर चढ़ रही है,

आततायी बैरियों की फौज ढहती जा रही है,
—आग से जैसे पिघल कर मोमबत्ती गल रही है,
लौह की दीवार के गढ़ कायरों के
चूर करती जा रही है!

मैं लड़ाई लड़ रहा हूँ मोरचे पर!
आप ही अपने हृदय के द्वंद्व को मैं मारता हूँ;
वह अभी तक सूरमा था,
दक्ष भी था,
क्रूर भी था,
मैं उसे अब जीतता हूँ;
वह पराजित हो रहा है—हो रहा है;
सिर कटाये, प्राण-जीवनहीन मुरदा हो रहा है;
लाश उसकी गिद्ध-कौए नोचते हैं;
मैं अचेतन और उपचेतन सभी पर
वार करता जा रहा हूँ;
व्यक्तिवादी सभ्यता का ध्वंस बिलकुल कर रहा हूँ।

मैं लड़ाई लड़ रहा हूँ मोरचे पर!
देवियों के रूप के आराधकों को
जो बँधे हैं प्रेम के स्वर तार से ही
लौह की कटु शृंखला से बाँध कर मैं खींचता हूँ,
और जन-संघर्ष में ला कर उन्हें,
फौजी बना कर छोड़ता हूँ।

स्वप्न के जो देव हैं
औ' स्वप्न की जो देवियाँ हैं,
हाथ में हल और हँसिया को थमा कर,
मैं उन्हें मजबूर करता हूँ
कि जोतो और काटो
पेट की पहली समस्या को मिटाओ।

मैं लड़ाई लड़ रहा हूँ मोरचे पर।
लेखनी की शक्तिशाली गर्जना से

मैं कलेजा शोषकों का फाड़ता हूँ;
सूदखोरों को,
मिलों के मालिकों को,
अर्थ के पैशाचिकों को,
भूमि को हड़पे हुए धरणीधरों को,
मैं प्रलय के साम्यवादी आक्रमण से मारता हूँ,
और उनके अपहरण की
दिग्विजयिनी सभ्यता को,
सर्वहारा की नवोदित सभ्यता से जीतता हूँ।

मैं लड़ाई लड़ रहा हूँ मोरचे पर।
रक्त की धारा बहा कर
किरकिराती रेत को भी उर्वरा मैं कर रहा हूँ;
शब्द के कर्मण्य कर से जोत धरती,
मानवी स्वाधीनता के बीज बोता जा रहा हूँ,
और श्रमजीवी हितों के अंकुरों को
मैं उगाता जा रहा हूँ,
जो पराजित हो नहीं सकते किसी से
जो मिटाये जा नहीं सकते किसी से
जो मरेंगे किंतु फिर जी कर लड़ेंगे,
मैं उन्हें ऊपर उठाता जा रहा हूँ। *1948*

ज़िंदगी

देश की छाती दरकते देखता हूँ!
थान खद्दर के लपेटे स्वार्थियों को,
पेट-पूजा की कमाई में जुटा मैं देखता हूँ!
सत्य के जारज सुतों को,
लंदनी गौरांग प्रभु की,
लीक चलते देखता हूँ!
डालरी साम्राज्यवादी मौत-घर में,
आँख मूँदे डांस करते देखता हूँ!!

देश की छाती दरकते देखता हूँ!
मैं अहिंसा के निहत्थे हाथियों को,
पीठ पर बम बोझ लादे देखता हूँ।
देवकुल के किन्नरों को,
मंत्रियों का साज साजे,
देश की जन-शक्तियों का,
खून पीते देखता हूँ,
क्रांति गाते देखता हूँ!!

देश की छाती दरकते देखता हूँ!
राजनीतिक धर्मराजों को जुएँ में,
द्रोपदी को हारते मैं देखता हूँ!
ज्ञान के सब सूरजों को,
अर्थ के पैशाचिकों से,
रोशनी को माँगते मैं देखता हूँ!
योजनाओं के शिखंडी सूरमों को,
तेग अपनी तोड़ते मैं देखता हूँ!!

देश की छाती दरकते देखता हूँ!
खाद्यमंत्री को हमेशा शूल बोते देखता हूँ;
भुखमरी को जन्म देते,
वन-महोत्सव को मनाते देखता हूँ;
लौह-नर के वृद्ध वपु से,
दंड के दानव निकलते देखता हूँ!
व्यक्ति की स्वाधीनता पर गाज गिरते देखता हूँ!
देश के अभिमन्युओं को कैद होते देखता हूँ!!

देश की छाती दरकते देखता हूँ!
मुक्त लहरों की प्रगति पर,
जन-सुरक्षा के बहाने,
रोक लगते देखता हूँ!
चीन की दीवार उठते देखता हूँ!
क्रांतिकारी लेखनी को

जेल जाते देखता हूँ!
लपलपाती आग के भी,
ओंठ सिलते देखता हूँ!!

देश की छाती दरकते देखता हूँ!
राष्ट्र-जल में कागजी, छवि-यान बहता देखता हूँ,
तीर पर मल्लाह बैठे और हँसते देखता हूँ!
योजनाओं के फरिश्तों को गगन से भूमि आते,
और गोबर चोंथ पर सानंद बैठे,
मौन-मन बंशी बजाते, गीत गाते,
मृग मरीची कामिनी से प्यार करते देखता हूँ!
शून्य शब्दों के हवाई फैर करते देखता हूँ!!

देश की छाती दरकते देखता हूँ
बूचड़ों के न्याय-घर में,
लोकशाही के करोड़ों राम-सीता,
मूक पशुओं की तरह बलिदान होते देखता हूँ!
वीर तेलंगानवों पर मृत्यु के चाबुक चटकते देखता हूँ!
क्रांति की कल्लोलिनी पर घात होते देखता हूँ!
वीर माता के हृदय के शक्ति-पय को
शून्य में रोते विलपते देखता हूँ!!

देश की छाती दरकते देखता हूँ!
नामधारी त्यागियों को,
मैं धुएँ के वस्त्र पहने,
मृत्यु का घंटा बजाते देखता हूँ!
स्वर्ण-मुद्रा की चढ़ौती भेंट लेते,
राजगुरुओं को, मुनाफाखोर को आशीष देते,
सौ तरह से कमकरों को दुष्ट कह कर,
शाप देते, प्राण लेते देखता हूँ!!

देश की छाती दरकते देखता हूँ!
कौंसिलों में कठपुतलियों को भटकते,

राजनीतिक चाल चलते,
रेत के कानून के रस्से बनाते देखता हूँ!
वायुयानों की उड़ानों की तरह तकरीर करते,
झूठ का लम्बा बड़ा इतिहास गढ़ते,
गोखुरों में सिंधु भरते,
देश-द्रोही रावणों को राम भजते देखता हूँ!!

देश की छाती दरकते देखता हूँ!
नाश के वैतालिकों को
संविधानी शासनालय की सभा में
दंड की डौंड़ी बजाते देखता हूँ!
कंस की प्रतिमूर्तियों को,
मुंड मालाएँ बनाते देखता हूँ।
काल भैरव के सहोदर भाइयों को,
रक्त की धारा बहाते देखता हूँ!!

देश की छाती दरकते देखता हूँ!
व्यास मुनि को धूप में रिक्शा चलाते,
भीम, अर्जुन को गधे का बोझ ढोते देखता हूँ!
सत्य के हरिचंद को अन्याय-घर में,
झूठ की देते गवाही देखता हूँ!
द्रौपदी को और शैव्या को, शची को
रूप की दूकान खोले,
लाज को दो-दो टके में बेचते मैं देखता हूँ!!

देश की छाती दरकते देखता हूँ!
मैं बहुत उत्तप्त होकर
भीम के बल और अर्जुन की प्रतिज्ञा से ललककर,
क्रांतिकारी शक्ति का तूफान बनकर,
शूरवीरों की शहादत का हथौड़ा हाथ लेकर,
चोट करता दौड़ता हूँ कड़कड़ाकर,
शृंखलाएँ तोड़ता हूँ
जिंदगी को मुक्त करता हूँ नरक से!!

15.8.1950

आग लगे इस राम-राज में

[1]

आग लगे इस राम-राज में
ढोलक मढ़ती है अमीर की
चमड़ी बजती है गरीब की
खून बहा है राम-राज में
आग लगे इस राम-राज में

[2]

आग लगे इस राम-राज में
रोटी रूठी, कौर छिना है;
थाली सूनी, अन्न बिना है,
पेट धँसा है राम-राज में
आग लगे इस राम-राज में:

18.9.1951

चुनाव मोरचे की अंत्याक्षरी

यश अपयश विधि हाथ है, नहिं नेतन को जोर।
यहै देख बाढ़े बड़े, सेठ महाजन चोर।।

रचना ऐसी रचि रहे, राम राज के वीर।
सुख धरती व्यापै नहीं, दिन दिन बाढ़ै पीर।।

राम न ऐसा करि सके, जैसा नेतन कीन्हि।
लोगन का बनवास दै, सुख-सम्पति हरि लीन्हि।।

मरना है तो आज मर, कल है दूर अपार।
गोली आँसू गैस की कायम है सरकार।।

जहँ लग नेता राज है, तहँ लग बंटाधार।
पूँजीपति की गोद में, खेल रही सरकार।।

रसरी बालू की बटौ, बाँधौ धीरज बैल।
नेता ऐसा कहत है, चलिये तप की गैल।।

लाज उन्हैं आवै जिन्हैं, लोकतंत्र का ध्यान।
कामनवेल्थी आन में, टूटी मान-कमान।। *8.11.1951*

रोटी

जब रोटी पर संकट आया,
तब भूखे ने द्रोह मचाया।
राज पलट कर रोटी लाया,
रोटी ने इतिहास बनाया।। *12.11.1951*

मुक्त युवती

जब अदालत पर चढ़ी
युवती चली बाहर-निकलकर,
दुष्ट भ्रष्टाचारी पति के मित्र दौड़े
अपहरण के हेतु बल के बोंग लेकर।
किंतु युवती का युवक-प्रेमी गठीला नौजवान,
आठ साथी साथ लेकर,
लाठियाँ बरसा चला बौछार जैसी,
हो गया संग्राम खासा।
धूर्त पति को चोट आई
और उसके मित्र भू पर गिरे घायल!
खून खच्चर से गई मर लोकनिंदा!
ब्याह टूटा,
ब्याह का व्यभिचार टूटा,
दुष्ट भ्रष्टाचार का सिर हाथ टूटा।
प्रेमिका ने प्रेम का वर वक्ष जीता!
आततायी पति गया आहत हृदय घर! *26.11.1952*

साथी

झूठ नहीं सच होगा साथी!
गढ़ने को जो चाहे गढ़ ले
मढ़ने को जो चाहे मढ़ ले
शासन के सौ रूप बदल ले
राम बना रावण सा चल ले

झूठ नहीं सच होगा साथी!
करने को जो चाहे कर ले
चलनी पर चढ़ सागर तर ले
चिउँटी पर चढ़ चाँद पकड़ ले
लड़ ले ऐटम बम से लड़ ले

झूठ नहीं सच होगा साथी!

27.11.1952

अभिशाप जग का

एक जोते
और बोए, ताक कर फसलें उगाए,
दूसरा अधरात में काटे उन्हें अपनी बनाए,
मैं इसे विधि का नहीं, अभिशाप जग का जानता हूँ।

एक रोटी
के लिए तड़पे सदा अधपेट खाए,
दूसरा घी-दूध-शक्कर का मज़ा भरपेट पाए,
मैं इसे विधि का नहीं, अभिशाप जग का जानता हूँ।

एक बल्कल
वस्त्र पहने लाज अपनी को गँवाए,
दूसरा बहु वस्त्र पहने छिद्र अपने सौ छिपाए,
मैं इसे विधि का नहीं, अभिशाप जग का जानता हूँ।

एक विद्या
के लिए व्याकुल रहे, पुस्तक न पाए,
दूसरी विद्या पढ़े, छल-छंद से सोना कमाए,
मैं इसे विधि का नहीं, अभिशाप जग का जानता हूँ।

मैं नया इंसान हूँ अभिशाप को खंडित करूँगा।
शाप के प्रतिपालकों को न्याय से दंडित करूँगा।। *8.11.1953*

आँख दुखों से आँज रही है

बारह बरस व्यथा में बीते
तेरहवें में पाँव धरे है।
पीर हृदय में, नीर नयन में,
साँसों में संताप भरे है।।
दंभक ताड़ित और प्रताड़ित
शैशव का अभिशाप लिए है।
फूलों के नादान अधर से
शूलों के अपमान पिए है।।
माता और पिता से वंचित
पर घर बरतन माँज रही है।
सात बरस से साँझ-सकारे
आँख दुखों से आँज रही है।। *11.12.1953*

घर का अनुभव

नौ पेटों के पलने वाले टूटे घर में
जब सनेह से सजी स्वामिनी किसी एक दिन
गेहूँ का आटा परात-भर गूँथ-गूँथ कर
गोल लोइयों की गुदार रोटियाँ बेलती,

जब वे बेली-अलबेली सुकुमार रोटियाँ
एक-एक कर तप्त तवे के ऊपर चढ़कर,
धीरज धारे अंग उघारे तप में तपतीं,

फिर अंगारों के सिंहासन पर विराजकर
पास हमारे आ जाती हैं चूल्हा तज कर;
जब बटलोई के पेटे में दाल खौलती
खौल-खौलकर बुद-बुद-बुद-बुद आग्रह करती
और स्वाद को बोल-बोलकर स्वाद खोलती;

जब अदहन में चाउर पड़ता और उबलता
रामकरोनी चिन्नावर की महक उमहँती
और हमारी नाकों के नथुने में आती
कई दिनों के भूखे दिल को छू जाती है
गोभी कटने लगती है आलू के संग जब
दोनों का सम्बन्ध परस्पर हो जाता है;

और सिसकते हैं जब दोनों गरम आँच में,
हमें क्षुधातुर देख देखकर कई दिनों से
तब हम नौ की भूख-समस्या मिट जाती है
और हमें यह टूटा घर भी प्रिय लगता है
तब हमको मालूम होता है हम भी कुछ हैं,
हमको भी निर्मित करना है टूटे घर को। *12.1.1954*

वास्तव में

पंचवर्षी योजना की रीढ़ ऋण की शृंखला है,
पेट भारतवर्ष का है और चाकू डालरी है।
संधियाँ व्यापार की अपमान की कटु ग्रंथियाँ हैं,
हाथ युग के सारथी हैं, भाग्य-रेखा चाकरी है।।

26.4.1954

मजदूर का जन्म

एक हथौड़े वाला घर में और हुआ!
हाथी-सा बलवान,
जहाजी हाथों वाला और हुआ!

सूरज-सा इंसान,
तरेरी आँखों वाला और हुआ!!
एक हथौड़े वाला घर में और हुआ!
माता रही विचारः
अँधेरा हरने वाला और हुआ!
दादा रहे निहारः
सबेरा करने वाला और हुआ!!
एक हथौड़े वाला घर में और हुआ!
जनता रही पुकारः
सलामत लाने वाला और हुआ!
सुन ले री सरकार!
कयामत ढाने वाला और हुआ!!
एक हथौड़े वाला घर में और हुआ! *3.10.1954*

कंचन किरणें

धीरे से पाँव धरा धरती पर किरनों ने,
मिट्टी पर दौड़ गया लाल रंग तलुवों का।

छोटा-सा गाँव हुआ केसर की क्यारी-सा,
कच्चे घर डूब गये कंचन के पानी में।

डालों की डोली में लज्जा के फूल खिले,
ऊषा ने मस्ती से फूलों को चूम लिया।

गोरी ने गीतों से सरसों की गोद भरी,
भौरों ने गोरी के गालों को चूम लिया। *28.8.1955*

मानव के अग्रज

पेड़ नहीं,
पृथ्वी के वंशज हैं,
फूल लिये,

फल लिये,
मानव के अग्रज हैं। *18.4.1956*

वे किशोर नयन

उसके वे नयन जो किशोर हैं,
रूप के विभोर जो चकोर हैं,
ऐसा कुछ
        आज मुझे भा गये—
कि बावरा बना गये!
आह! मुझे
प्यार की पुकार से
        निहार गये,
        और मुझे
म्लान हुए हार-सा
उतार गये। *28.2.1957*

आँखों देखा[1]

आज
        अभी आँखों से
पर्वतीय निर्जन के
        धुंध-भरे घेरे में,
कैद खड़े पेड़ों के
        मौन पड़े डेरे में,
        पातहीन डालों के
आखिरी किनारों पर
        पीत पगे फूलों के
आरसी कपोलों पर
दिन में ही
        जगर-मगर
दीप जले देखे हैं। *5.4.1957*

---

1. रामविलास जी को लिखे एक पत्र में इसका शीर्षक 'दिन के दीये' दिया गया है

बालक ने

ताल को कँपा दिया
कंकड़ से बालक ने,
ताल को कँपा दिया
ताल को नहीं,
अनंत काल को कँपा दिया। *5.10.1957*

फूल सी कोमल उँगलियाँ

फूल सी कोमल उँगलियाँ
जब समुद्री वासना में
रूप, रस, यौवन, तुम्हारा घोलती हैं
और मेरी नींद के परदे हटाकर
मोम-से दिल के दिये को चूमती हैं
तब तुम्हारी लौ हृदय में जागती है
तब तुम्हें मैं भेंटता हूँ
तब तुम्हारी फूल-सी कोमल उँगलियाँ चूमता हूँ।

22.10.1957

एक खिले फूल ने

झाड़ी के एक खिले फूल ने
नीली पँखुरियों के
एक खिले फूल ने
आज मुझे काट लिया
ओठ से,
और मैं अचेत रहा
धूप में। *24.10.1957*

जब तब

जब कलम ने चोट मारी
तब खुली वह खोट सारी

तब लगे तुम वार करने
झूठ से संहार करने

सोचते हो मात दोगे
जुल्म के आघात दोगे
सत्य का सिर काट लोगे
रक्त जीवन चाट लोगे

भूल जाओ यह न होगा
जो हुआ है वह न होगा
लेखनी से वार होगा
वार से ही प्यार होगा

कल नगर गर्जन करेगा
क्रोध विष वर्षन करेगा
सत्य से परदा फटेगा
झूठ का तब सिर कटेगा

27.11.1957

हथौड़े का गीत

मार हथौड़ा,
कर कर चोट
लाल हुए काले लोहे को
जैसा चाहे वैसा मोड़।

मार हथौड़ा,
कर कर चोट
थोड़े नहीं—अनेकों गढ़ ले
फौलादी नरसिंह करोड़।

मार हथौड़ा,
कर कर चोट

लोहू और पसीने से ही
बंधन की दीवारें तोड़।

मार हथौड़ा,
कर कर चोट
दुनिया की जाती ताकत हो,
जल्दी छवि से नाता जोड़!

1957

पूरा हिंदुस्तान मिलेगा

इसी जन्म में,
इस जीवन में,
हमको तुमको मान मिलेगा।
गीतों की खेती करने को,
पूरा हिंदुस्तान मिलेगा।।

क्लेश जहाँ है,
फूल खिलेगा,
हमको तुमको ज्ञान मिलेगा।
फूलों की खेती करने को,
पूरा हिंदुस्तान मिलेगा।

दीप बुझे हैं,
जिन आँखों के;
इन आँखों को ज्ञान मिलेगा।
विद्या की खेती करने को,
पूरा हिंदुस्तान मिलेगा।।

मैं कहता हूँ,
फिर कहता हूँ;
हमको तुमको प्रान मिलेगा।
मोरों-सा नर्तन करने को,
पूरा हिंदुस्तान मिलेगा।

1957

झंडा ऊपर नहीं उठा है

जिंदगी थककर यहाँ पर चूर है,
हड्डियों का शेर हारा भूख से मजबूर है;
हाथ-पाँवों में जहाजी लंगरों का भार है;
साँस का दरियाव जमकर बर्फ है;
गर्म छाती की धधकती आग
मोमी शीत-सी निष्प्राण है;
रक्त में लिपटा कफन है मृत्यु का।
देह की चमड़ी अँधेरी रात है,
जो छिपाये है बसंती फूल-फल की प्रेरणाएँ।
प्रेम का आकाश रूखे बाल में उलझा पड़ा है।
सभ्यता के और संस्कृति के दिवाकर की प्रतीक्षा
मौन है—निस्पंद है ज्यों प्रेत की छाया बड़ी-सी!
जागरण का क्रांतिदर्शी साहसी मनु-रूप मानव,
अर्थ के पैशाचिकों से पद-दलित है।—
भूमि पर लुंठित पड़ा है!!
क्या हुआ यदि आज अपने देश भाई,
हाथ में झंडा उठाये घूमते हैं!
वास्तव में तो अभी झंडा ऊपर नहीं उठा है,
वह अभी नीचे पड़ा है;
भूमि से लुंठित उठे, तब वह उठेगा,
और फिर कोई झुकाने से रहेगा!! *1957*

दोषी हाथ

हाथ जो,
चट्टान को
तोड़े नहीं,
वह टूट जाये;
लौह को
मोड़े नहीं,
सौ तार को

जोड़े नहीं,
वह टूट जाये!

1957

वह जन मारे नहीं मरेगा

जो जीवन की धूल चाटकर बड़ा हुआ है,
तूफानों से लड़ा और फिर खड़ा हुआ है,
जिसने सोने को खोदा, लोहा मोड़ा है,

जो रवि के रथ का घोड़ा है,
वह जन मारे नहीं मरेगा,
नहीं मरेगा!!

जो जीवन की आग जलाकर आग बना है,
फौलादी पंजे फैलाये नाग बना है,
जिसने शोषण को तोड़ा, शासन मोड़ा है,
जो युग के रथ का घोड़ा है,
वह जन मारे नहीं मरेगा,
नहीं मरेगा!!

1957

छोटे हाथ

छोटे हाथ
सबेरा होते
लाल कमल से खिल उठते हैं।
करनी करने को उत्सुक हो,
धूप हवा में हिल उठते हैं।।

छोटे हाथ
नहीं रुकते हैं,
और नहीं धीरज धरते हैं।
जड़ को चेतन,

पानी को पय,
मिट्टी को सोना करते हैं।।

छोटे हाथ
किसानी करते—
बीज नये बोया करते हैं।
आने वाले वैभव के दिन,
उँगली से टोया करते हैं।।
फूलों के गुच्छे के गुच्छे,
डालों पर पाला करते हैं।
छोटे-से-छोटे पत्ते का,
मकड़ी का जाला हरते हैं।।

छोटे हाथ
परिश्रम करते,
ईंटों पर ईंटें धरते हैं।।
मधुमक्खी से तन्मय होकर,
मधुकोषों से घर रचते हैं।।
हर घर में आशा रहती है,
आशा के बच्चे पलते हैं।
मुद-मंगल के, नव जीवन के,
जागृति के बाजे बजते हैं।।

छोटे हाथ,
दही मथते हैं,
मथते-मथते कब थकते हैं।
थकते भी हैं तो मथते हैं,
हरदम जीवन को मथते हैं।।
जीवन के उत्तम तत्त्वों का,
मोती-सा मक्खन गहते हैं।
मक्खन मिश्री साथ मिलाकर,
बच्चों के मुख में रखते हैं।।

छोटे हाथ,
निडर रहते हैं,
जोखिम में घूमा करते हैं।
नागों को नाथा करते हैं–
काँटों को चूमा करते हैं।।
बारूदी बंदूकें ताने,
पशुओं को मारा करते हैं।
तूफानी सागर से सबको,
साहस से तारा करते हैं।।

छोटे हाथ,
गुनी-ग्यानी हैं,
मौलिक ग्रंथों को रचते हैं।
जीवन के साथी ग्रंथों का
हिंदी में उल्था करते हैं।।
भाषा को झंकृत करते हैं,
जीवन को चित्रित करते हैं।
मानव की सुंदरतम कृतियाँ
मानव को अर्पित करते हैं।।

1957

पूँजीपति और श्रमजीवी

पूँजीपति अपने बेटे को,
बेहद काला दिल देता है,
गद्दी पर बैठे रहने को,
भारी-भरकम तन देता है,

सिरहाने रखकर सोने को,
दिन में पैसा ठग लेने को,
रोकड़-खाते सब देता है;
गरदन काट कलम देता है,

काली मसि से काली करनी—
करने का अवसर देता है,
जब तक जीता है, रहता है,
शोषण की शिक्षा देता है,

पूँजीपति अपने बेटे को,
धन देता, दौलत देता है।
रति को भी शरमाने वाली,
रूपवती औरत देता है।

जाने कितना कितना अवगुन
पूँजीपति सुत को देता है।
वह अपने को और जगत को
बेटे को धोखा देता है।।

श्रमजीवी अपने बेटे को
पर उपकारी दिल देता है,
मेहनत करने को जीने को,
हाथों में हल, लोहे का घन,
पावों में हाथी की चालें;
अविजित छाती, ऊँचे कंधे,
हर आफत से लड़ जाने को,
गति देता है, बल देता है।

श्रमजीवी अपने बेटे को,
टूटी कुटिया,
टूटी खटिया,
लोहे का तसला देता है,
बहुतायत चिथड़े देता है,

जब तक जीता है—रहता है,
उत्पादन की मति देता है;

आशा की खेती करने को
खेतों की धरती देता है;
घर का भार उठाने वाली
श्रमजीवी घरनी देता है।

मरने को वह मर जाता है,
लेकिन जीवन दे जाता है।
श्रमजीवी अपने बेटे को
गोठिल हँसिया दे जाता है।

1957

किसान से

जल्दी-जल्दी हाँक किसनवा!
बैलों को हुरियाये जा।
युग की पैनी लौह कुसी को
'भुईं' में खूब गड़ाये जा।।

पुरखों की हड्डी के हल को,
आगे आज बढ़ाये जा।
वैभव को सूने खेतों की
छाती चीर दिखाये जा।।

बीजों के धारण करने की,
पूरी साध जगाये जा।
आगामी संतति के हित में,
कुड़ की राह बनाये जा।।

अपना प्यारा खून पसीना,
सौ-सौ बार चुआये जा।
आजादी की हर तड़पन को,
बारंबार जिलाये जा।।

अपनी कुरिया की चिनगी से
सब में आग लगाये जा।
जर्जर दुनिया के ढाँचे को,
'भभ' 'भभ' आज जलाये जा।।

शोषण की प्रत्येक प्रथा का,
अंधियर गहन मिटाये जा।
नये जनम का नया उजाला,
धरती पर बरसाये जा।।

गाँव-नगर बे-घर वालों के,
लाखों-लाख बसाये जा।
मेहनत वालों के रहने को,
ऊँचे गेह उठाये जा।।

हल, हँसिया का और हथौड़ा—
का परचम लहराये जा।
अब अपनी सरकार बनाकर,
जीवन में मुसकाये जा।। *1957*

110 का अभियुक्त

अभियुक्त 110 का,
बलवान, स्वस्थ,
प्यारी धरती का शक्ति-पुत्र,
चट्टानी छातीवाला,
है खड़ा खम्भ-सा आँधी में
डिप्टी साहब के आगे।

नौकरशाही के गुरगे,
अफसरशाही के मुरगे,
भू-कर उगाहने वाले,
दल्लाल दुष्ट पैसे के,
आना-गंडा के जमींदार;

लाला साहब पटवारी जी।

धरती माता के कुलांगार–
कटु दुःशासन के धूर्तराज;
थाने का चौकीदार नीच,
जो वफादार है, द्वारपाल
इस चरमर करते शासन का;
बनिया जो मालिक है धन का,
जो नफाखोर बन चूस रहा
जन जन का सारा रक्त-राग;
पंडित (धार्मिक कोढ़ी गँवार);
मादक चीजों के विक्रेता
जो नाशराज का है कलार;
आये थे सब के सब गवाह।

झूठी गंगा-तुलसी लेकर,
अंतर से बोले एक-एक :
"यह चोर, नकबजन आदी है;
इसकी ऐसी ही शोहरत है,
यह चोर टिकाता है घर में।"

अभियुक्त क्रोध से पागल हो;
कर चला जिरह उन लोगों से;
जैसे गयंद चीरे कदली का वन-का-वन,
जैसे जनता सामंतीगढ़ को करे ध्वस्त;
जैसे समुद्र की बड़ी लहर
मारे छापा,
छोटे जहाज को करे त्रस्त!

दे सका न उत्तर जमींदार,
वह व्यर्थ रहा करता टर-टर!
पटवारी जी भी गये बिगड़,
जैसे बिगड़े कोई मोटर।

चौकीदारी खा गयी हार,
जो सदा जीतती आयी थी।
बनिया रह गया छटंकी भर,
मन, सेर, पसेरी सब भूली।
पंडित खर के अवतार हुए!
विक्रेता मादक चीजों का
बक गया नशे में अर्र-बर्र!

कर चुका जिरह तब यों बोला :
"मैं चोर नहीं या सेंधमार।
मैं नहीं डकैतों का साथी!
धिक है, इन कोढ़ी कुत्तों को!
ये झूठ गवाही देते हैं!
ये नहीं चाहते : मैं पनपूँ,
इनको मेटूँ,
जनता का जमघट मैं बाँधूँ,
इनको तोड़ूँ,
नौकरशाही–
अफसरशाही का सिर फोड़ूँ;
दुःशासन को कमजोर करूँ;
इनकी रोटी,
इनकी रोजी,
इनसे हर कर सबको दे दूँ;
इससे ये मेरे बैरी हैं।"

इस पर भी डिप्टी साहब ने,
अफसरशाही के नायक ने–
नौकरशाही की स्याही से,
लिख दिये चटक काले अक्षर :
"यह भूमि-पुत्र है अपराधी।
यह चोर नकबजन है आदी।
यह चोर टिकाता है घर में
इससे समाज को खतरा है।"

1957

गाँव का महाजन

वह समाज के त्रस्त क्षेत्र का मस्त महाजन,
गौरव के गोबर गनेश-सा मारे आसन,
नारिकेल-से सिर पर बाँधे धर्म-मुरैठा,
ग्राम-बधूटी की गोरी-गोदी पर बैठा,
नागमुखी पैतृक संपत्ति की थैली खोले,
जीभ निकाले, बात बनाता करुणा घोले,
ब्याज-स्तुति से बाँट रहा है रुपया-पैसा,
सदियों पहले से होता आया है ऐसा!!

सूँड़ लपेटे है कर्जे की ग्रामीणों को,
मुक्ति अभी तक नहीं मिली है इन दीनों को,
इन दीनों के ऋण का रोकड़-कांड बड़ा है,
अब भी किन्तु अछूता शोषण-कांड पड़ा है। *1957*

लेखकों से

हाथ में तलवार लेकर डर रहे हो,
लेखनी-बिजली लिये तुम मर रहे हो!
आग हो, ज्वालामुखी हो, सो रहे हो,
ओस के हिम आँसुओं को बो रहे हो!!
सूर्य हो, लेकिन छिपे हो बादलों में;
क्रांति हो, लेकिन पले हो पायलों में!
सिन्धु हो, लेकिन नहीं तूफान लाते;
चाँद की मुसकान में हो प्रान पाते!!
तीर हो, तुम तोड़ सकते हो शिलाएँ,
मूक मन गाओ नहीं अपनी व्यथाएँ!
मेघ-गर्जन है तुम्हारी भावना में,
किंतु मूर्छित हो अँधेरी कामना में!!
गान हो, लेकिन नहीं तुम गूँजते हो,
रात के काले हृदय में डूबते हो!
नाग हो, लेकिन पिटारी में पड़े हो,
काढ़ कर फन तुम नहीं अरि से लड़े हो!!

पंख हो, नभ में नहीं तुम फैलते हो,
आँधियों में तुम नहीं उड़ तैरते हो!
चोट खाते हो, नहीं ललकारते हो,
इंकलाबी घन नहीं तुम मारते हो!!
मौन बैठे यंत्रणा सब सह रहे हो,
मौत की मुरदा कहानी कह रहे हो!
ऐ दधीचो! शक्ति का डंका बजाओ,
शांति का उल्लासमय सूरज उगाओ!!
लाल सोने का सबेरा चमचमाओ!
लेखनी के लोक में आलोक लाओ!!

1957

लौह का घन गल, रहा है

वह थका, हारा, बहुत ऊबा मनुज है!
भूमि उसको प्रिय नहीं है।
वर्ग के संघर्ष से वह काँपता है,
दूर उसके क्षेत्र से ही भागता है।
वह पुरानी सभ्यता के राज-पथ पर
पेट के बल मंद गति से रेंगता है,
श्वान के संग भूख अपनी मेटता है,
शासकों के कटु दमन की यंत्रणा से,
शोषकों के अपहरण की यातना से,
रक्त के कुल्ले उगल कर मर रहा है,
लाश अपनी ढो रहा है।
वह कला के, काव्य के डैने लगा कर,
सांत्वना की प्राप्ति के हित,
कल्पना के नील नभ में
प्राण अपने खो रहा है।

वह नहीं जग जीत सकता,
वह नहीं इतिहास को—
जीवन-रुधिर से सींच सकता।
मौन मन वह सह रहा है—

जो यहाँ पर हो रहा है,
लौह का घन
मोम के दीपक सदृश ही गल रहा है। *1957*

हारा हूँ सौ बार गुनाहों से लड़-लड़ कर

हारा हूँ सौ बार
गुनाहों से लड़-लड़ कर,
लेकिन बारंबार लड़ा हूँ
मैं उठ-उठ कर,
इससे मेरा हर गुनाह भी मुझसे हारा
मैंने अपने जीवन को इस तरह उबारा

डूबा हूँ हर रोज
किनारे तक आ-आ कर
लेकिन मैं हर रोज
उगा हूँ जैसे दिनकर,
इससे मेरी असफलता भी मुझसे हारी
मैंने अपनी सुंदरता इस तरह सँवारी। *1957*

शक्ति मेरी बाहु में है[1]

शक्ति मेरी बाहु में है,
शक्ति मेरी लेखनी में,
बाहु से, निज लेखनी से
तोड़ दूँगा मैं शिलाएँ!

जागरण है प्राण मेरा,
क्रांति मेरी जीवनी है,
जागरण से क्रांति से मैं
घनघना दूँगा दिशाएँ!

---

1. केदार जी ने इसका शीर्षक दिया है–'मैं'

भाव हैं तूफान भारी,
शब्द मेरे आँधियाँ हैं,
आँधियाँ तूफान द्वारा
मैं उड़ा दूँगा घटाएँ!

रो रही है आज मिट्टी ,
फूल की प्रिय पाँत रोती,
चंद्रमा है ओस रोता,
मैं हँसा दूँगा दिशाएँ!

1957

नागार्जुन के बाँदा आने पर

यह बाँदा है!
सूदखोर आढ़त वालों की इस नगरी में,
जहाँ मार, काबर, कछार, पँड़ुआ की फसलें,
कृषकों के पौरुष से उपजा कन-कन सोना,
लढ़ियों से लद-लद कर आकर,
बीच हाट में बिक कर कोठों-गोदामों में,
गहरी खोहों में खो जाता है जा-जा कर,
और यहाँ पर
रामपदारथ, रामनिहोरे,
बेनी पंडित, बासुदेव, बल्देव, विधाता
चंदन, चतुरी और चतुर्भुज,
गाँवों से आ-आ कर गहने गिरवी रखते,
बढ़े ब्याज के मुँह में बर-बस बेबस घुसते,
फिर भी घर का खर्च नहीं पूरा कर सकते,
मोटा खाते, फटा पहनते,
लस्टम-पस्टम जैसे-तैसे मरते-खपते,
न्याय यहाँ पर अन्यायों पर विजय न पाता,
सत्य सरल हो कर कोरा असत्य रह जाता,
न्यायालय की ड्योढ़ी पर दब कर मर जाता,
यहाँ हमारे भावी राष्ट्र-विधाता,

युग के बच्चे,
विद्यालय में वाणी विद्या-बुद्धि न पाते,
विज्ञानी बनने से वंचित रह जाते,
केवल मिट्टी में मिल जाते।

यह बाँदा है,
और यहाँ पर मैं रहता हूँ,
जीवन-यापन कठिनाई से ही करता हूँ,
कभी काव्य की कई पंक्तियाँ,
कभी आठ-दस-बीस पंक्तियाँ,
और कभी कविताएँ लिख कर,
प्यासे मन की प्यास बुझा लेता हूँ रस से,
शायद ही आता है कोई मित्र यहाँ पर,
शायद ही आती हैं मेरे पास चिट्ठियाँ।
मेरे कवि-मित्रों ने मुझ पर कृपा न की है,
इसीलिए रहता उदास हूँ खोया-खोया,
अपने दुख-दर्दों में डूबा,
जन-साधारण की हालत से ऊबा-ऊबा,
बाण-बिंधे पक्षी-सा घायल,
जल से निकली हुई मीन-सा, विकल तड़पता,
इसीलिए आतुर रहता हूँ,
कभी-कभी तो कोई आये,
छठे-छमाहे चार-पाँच दिन तो रह जाये,
मेरे साथ बिताये,
काव्य, कला, साहित्य-क्षेत्र की छटा दिखाये,
और मुझे रस से भर जाये, मधुर बनाये
फिर जाये, जीता मुझको कर जाये।

आखिर मैं भी तो मनुष्य हूँ,
और मुझे भी कवि-मित्रों का साथ चाहिए,
लालायित रहता हूँ मैं सबके मिलने को,
श्याम सलिल के श्वेत कमल-सा खिल उठने को

सच मानो जब यहाँ निराला जी आये थे,
कई साल हो गये, यहाँ कम रह पाये थे,
उन्हें देख कर मुग्ध हुआ था, धन्य हुआ था,
कविताओं का पाठ उन्हीं के मुख से सुन कर,
गंधर्वों को भूल गया था,
तानसेन को भूल गया था,
सूरदास, तुलसी, कबीर को भूल गया था,
ऐसी वाणी थी हिंदी के महाकृता की।

तब यह बाँदा काव्य-कला की पुरी बना था,
और साल पर साल यहाँ मधुमास रहा था,
बंबेश्वर के पत्थर भी बन गये हृदय थे,
चूनरिया बन गयी हवा थी, गौने वाली,
यह धरती हो गयी वधू थी फूलों वाली,
और गगन का राजा सूरज दूल्हा बन कर
चूम रहा था प्रिय दुलहन को।

फिर दिन बीते, मधु-घट रीते,
फिर पहले-सा वह नीरस हो गया नगर था,
फिर पहले-सा मैं चिंतित था,
फिर मेरा मन भी कुंठित था,
फिर लालायित था मिलने को कवि-मित्रों से
फिर मैं उनकी बाट जोहता रहा निरंतर,
जैसे खेतिहर बाट जोहता है बादल की,
जैसे भारत बाट जोहता है सूरज की,
किंतु न कोई आया,
आने के वादे मित्रों के टूटे,
कई वर्ष फिर बीते,
रंग हुए सब फीके,
और न कोई रही हृदय में आशा।

तभी बंधुवर शर्मा आये,
महादेव साहा भी आये,

और निराला-पर्व मनाया हम लोगों ने,
मुंशीजी के पुस्तक-घर में,
एक बार फिर मिला सुअवसर मधु पीने का,
कविता का झरना बन कर झर-झर जीने का,
लगातार घंटों, पहरों तक,
एक साथ साँसें लेने का,
एक साथ दिल की धड़कन से ध्वनि करने का,
ऐसा लगा कि जैसे हम सब,
एक प्राण हैं, एक देह हैं, एक गीत हैं, एक गूँज हैं
इस विराट फैली धरती के,
और हमी तो वाल्मीकि हैं, कालिदास हैं,
तुलसी हैं, हिंदी कविता के हरिश्चंद्र हैं,
और निराला हमी लोग हैं,

बंधु! आज भी वह दिन मुझको नहीं भूलता;
उसकी स्मृति अब भी बेले-सी महक रही है,
उस दिन का आनंद आज भी
कालिदास का छंद बना मन मोह रहा है,
मुक्त मोर बन श्याम बदरिया भरे हृदय में,
दुपहरिया में, शाम-सबेरे नाच रहा है,
रैन-अँधेरे में चंदनियाँ बाँह पसारे
हमको, सबको भेंट रहा है।
संभवतः उस दिन मेरा नव जन्म हुआ था,
संभवतः उस दिन मुझको कविता ने चूमा,
संभवतः उस दिन मैंने हिमगिरि को देखा,
गंगा के कूलों की मिट्टी मैंने पायीं,
उस मिट्टी से उगती फसलें मैंने पायीं,
और उसी के कारण अब तक बाँदा में जीवित रहता हूँ,
और उसी के कारण अब तक कविता की रचना करता हूँ,

और तुम्हारे लिए पसारे बाँह खड़ा हूँ,
आओ साथी गले लगा लूँ,

तुम्हें, तुम्हारी मिथिला की प्यारी धरती को,
तुममें व्यापे विद्यापति को,
और वहाँ की जनवाणी के छंद चूम लूँ,
और वहाँ के गढ़-पोखर का पानी छू कर नैन जुड़ा लूँ,
और वहाँ के दुखमोचन, मोहन माँझी को मित्र बना लूँ,
और वहाँ के हर चावल को हाथों में ले हृदय लगा लूँ,
और वहाँ की आबहवा से वह सुख पा लूँ,
जो गीतों में गाया जा कर कभी न चुकता,
जो नृत्यों में नाचा जा कर कभी न चुकता,
जो आँखों में आँजा जा कर कभी न चुकता,
जो ज्वाला में डाला जा कर कभी न जलता,
जो रोटी में खाया जा कर कभी न कमता,
जो गोली से मारा जा कर कभी न मरता,
जो दिन दूना रात चौगुना व्यापक बनता,
और वहाँ नदियों में बहता,
नावों को ले आगे बढ़ता,
और वहाँ फूलों में खिलता,
बागों को सौरभ से भरता।

अहोभाग्य है जो तुम आये मुझसे मिलने,
इस बाँदा में चार रोज के लिए ठहरने,
अहोभाग्य है मेरा, मेरे घर वालों का,
जिनको तुम स्वागत से हँसते देख रहे हो।
अहोभाग्य है इस जीवन के इन कूलों का,
जिनको तुम अपनी कविता से सींच रहे हो।
अहोभाग्य है हम दोनों का,
जिनको आजीवन जीना है काव्य-क्षेत्र में।

अहोभाग्य है हम दोनों की इन आँखों का,
जिनमें अनबुझ ज्योति जगी है अपने युग की।
अहोभाग्य है दो जनकवियों के हृदय का
जिनकी धड़कन गरज रही है घन-गर्जन-सी।
अहोभाग्य है कठिनाई में पड़े हुए प्रत्येक व्यक्ति का,

जिनका साहस-शौर्य न घटता।
अहोभाग्य है स्वयं उगे इन सब पेड़ों का,
जिनके द्रुम-दल झरते फिर-फिर नये निकलते।
अहोभाग्य है हर छोटी चंचल चिड़ियों का,
जिनका नीड़ बिगड़ते-बनते देर न लगती।
अहोभाग्य है बंबेश्वर की चौड़ी-चकली चट्टानों का,
जिनको तुमने प्यार किया है, सहलाया है।
अहोभाग्य है केन नदी के इस पानी का,
जिसकी धारा बनी तुम्हारे स्वर की धारा।
अहोभाग्य है बाँदा की इस कठिन भूमि का,
जिसको तुमने चरण छुला कर जिला दिया है।

1957

हम

हम लेखक हैं,
कथाकार हैं,
हम जीवन के भाष्यकार हैं,
हम कवि हैं जनवादी।
चंद, सूर,
तुलसी, कबीर के,
संतों के, हरिचंद वीर के
हम वंशज बड़भागी।
प्रिय भारत की
परंपरा के,
जीवन की संस्कृति-सत्ता के,
हम कर्मठ युगवादी।
हम स्रष्टा हैं,
श्रम-शासन के,
मुद मंगल के उत्पादन के,
हम दृष्टा हितवादी।
भूत, भविष्यत्,
वर्तमान के,
समता के शाश्वत विधान के

हम हैं मानववादी।
हम कवि हैं जनवादी। *1957*

हम न रहेंगे

हम न रहेंगे—
तब भी तो यह खेत रहेंगे;
इन खेतों पर घन घहराते
शेष रहेंगे;
जीवन देते,
प्यास बुझाते,
माटी को मद-मस्त बनाते,
श्याम बदरिया के
लहराते केश रहेंगे!
हम न रहेंगे—
तब भी तो रति-रंग रहेंगे;
लाल कमल के साथ
पुलकते भृंग रहेंगे!
मधु के दानी,
मोद मनाते,
भूतल को रससिक्त बनाते,
लाल चुनरिया में
लहराते अंग रहेंगे। *10.3.1958*

आज नदी बिलकुल उदास थी

आज नदी बिलकुल उदास थी,
सोयी थी अपने पानी में,
उसके दर्पण पर
बादल का वस्त्र पड़ा था।

मैंने उसको नहीं जगाया,
दबे पाँव घर वापस आया। *23.3.1958*

बच्चे की आँखों का काजल

बच्चे की आँखों का काजल
मन पर मेरे फैल गया है
यह कोमल, नादान अँधेरा
मुझको प्रिय है।

24.3.1958

लिपट गयी जो धूल पाँव से

लिपट गयी जो धूल पाँव से
वह गोरी है इसी गाँव की
जिसे उठाया नहीं किसी ने
इस कुठाँव से।

25.3.1958

कंकरीला मैदान

कंकरीला मैदान
ज्ञान की तरह जठर-जड़ लंबा-चौड़ा,
गत वैभव की विकल याद में–
बड़ी दूर तक चला गया है गुमसुम खोया!
जहाँ-तहाँ कुछ-कुछ दूरी पर,
उसके ऊपर,
पतले से पतले डंठल के नाजुक बिरवे
थर-थर हिलते हुए हवा में खड़े हुए हैं
बेहद पीड़ित!
हर बिरवे पर मुँदरी जैसा एक फूल है
अनुपम मनहर, हर ऐसी सुंदर मुँदरी को
मीनों ने चंचल आँखों से,
नीले सागर के रेशम के रश्मि-तार से,
हर पत्ती पर बड़े चाव से बड़ी जतन से,
अपने-अपने प्रेमी जन को देने की
खातिर काढ़ा था

सदियों पहले।
किन्तु नहीं वे प्रेमी आये,
और मछलियाँ–
सूख गयी हैं, कंकड़ हैं अब!
आह! जहाँ मीनों का घर था
वहाँ बड़ा वीरान हो गया।

31.3.1958

धूप नहीं, यह

धूप नहीं, यह
बैठा है खरगोश पलंग पर
उजला,
रोएँदार, मुलायम–
इसको छू कर
ज्ञान हो गया है जीने का
फिर से मुझको।

5.6.1958

यह जो नाग

यह जो
नाग दिये के नीचे
चुप बैठा है,
इसने मुझको
काट लिया है
इस काटे का मंत्र
तुम्हारे चुंबन में है,
तुम चुंबन से
मुझे जिला दो।

7.6.1958

सुआपंखी घाम पहने पेड़ वन के

सुआपंखी घाम पहने पेड़ वन के,
मोर नाचे तले जिनके;

गीत गाते विहग जिनके;
और झूले में झुलाते हमें-तुमको,
फूल देते,
और फल की भेंट देते,
वे अनूठे पेड़ सूखें नहीं वन के;
अमर हों जैसे अमर कवि सूर-तुलसी!

14.6.1958

जब तुम अपने केश खोल कर

हे मेरी तुम
जब तुम अपने केश खोलकर
तरल ताल में लहराओगी,
और नहाकर
चंदा-सी बाहर आओगी
दो कुमुदों को ढँके हाथ से
चकित देखती हुई चतुर्दिक,
तब मैं तुमको
युग्म भुजाओं से भर लूँगा
और चाँदनी में चूमूँगा तुम्हें रात भर
ताल किनारे।
कई जन्म तक याद रहेगा
यह दुर्लभ सुख
हम दोनों को।

17.6.1958

दीप की लौ-से दिन

भूल सकता मैं नहीं
ये कुच-खुले दिन,
ओठ से चूमे गये,
उजले, धुले दिन,
जो तुम्हारे साथ बीते
रस-भरे दिन,
बावरे दिन,

दीप की लौ-से
गरम दिन। 25.6.1958

और शीशा मुस्कुराया

क्या नहीं कुछ हो गया
जब याद आयी
और परदे फड़फड़ाये;
फ्रेम से तस्वीर निकली,
और शीश मुस्कुराया
वाह! फिर तो फूल बरसे
और मैं तुमसे मिला!
क्या नहीं कुछ हो गया
जब तुम मिलीं! 13.7.1958

बच्चे और मैं

छुट्टी का घंटा बजते ही कक्षाओं से
निकल-निकल आते हैं जीते-जगते बच्चे,
हँसते-गाते चल देते हैं पथ पर ऐसे
जैसे भास्वर भाव वही हों कविताओं के
बंद किताबों से बाहर छंदों से निकले
देश-काल में व्याप रही है जिनकी गरिमा
मैं निहारता हूँ उनको, फिर-फिर अपने को
और भूल जाता हूँ अपनी क्षीण आयु को! 28.11.1958

वह चिड़िया जो

वह चिड़िया जो—
चोंच मार कर
दूध-भरे जुंडी के दाने
रुचि से, रस से खा लेती है
वह छोटी संतोषी चिड़िया

नीले पंखों वाली मैं हूँ
मुझे अन्न से बहुत प्यार है।

वह चिड़िया जो—
कंठ खोल कर
बूढ़े वन-बाबा की खातिर
रस उँडेल कर गा लेती है
वह छोटी मुँह बोली चिड़िया
नीले पंखों वाली मैं हूँ
मुझे विजन से बहुत प्यार है।

वह चिड़िया जो—
चोंच मार कर
चढ़ी नदी का दिल टटोल कर
जल का मोती ले जाती है
वह छोटी गरबीली चिड़िया
नीले पंखों वाली मैं हूँ
मुझे नदी से बहुत प्यार है।

28.11.1958

रेत मैं हूँ जमुन जल तुम

रेत मैं हूँ—जमुन-जल तुम!
मुझे तुमने
हृदय तल से ढँक लिया है
और अपना कर लिया है
अब मुझे क्या रात—क्या दिन
क्या प्रलय—क्या पुनर्जीवन!

रेत मैं हूँ—जमुन-जल तुम!
मुझे तुमने
सरस रस से कर दिया है
छाप दुख-दव हर लिया है
अब मुझे क्या शोक—क्या दुख
मिल रहा है सुख—महासुख!

28.11.1958

सारंगी सुनकर

योगलीन शिव की मुद्रा में वादक बैठा,
भोग-भवानी की सारंगी लिए गोद में
कला-कुशल हाथों से तन्मय बजा रहा है
आदि भूत को राग-बोध की परिसंज्ञा दे
जो न कभी अब तक उपजे थे भाव भूमि में
वह अणु-अणु से अब उपजे हैं अंकुर जैसे
गजदंती – वैदूर्यमुखी – कलहंस शरीरी
लाखों की संख्या में सोने के प्रकाश में
मैं भी रहा न पिंड पठारी, सिंधु हो गया
सारंगी के स्वरारोह में लहरें लेता
महाकाश की ओर उमड़ता महावेग से
शशिशेखर के अभिनंदन में गूँज उठा हूँ
महाकाल भी द्रवीभूत हो गया स्वरों से,
भूल गया अपनी जघन्य दुर्दम लीलाएँ
कर से छोड़, कुठार, शरद के तरल ताल का
नवजीवन के गंध-राग का कमल हो गया
बजती रहे सुमुखि-सारंगी इसी भाव से
गलती रहे जटिल जड़ता भी इसी भाव से
चेतनता फूले सरसों-सी इसी चाव से
शंभु-भवानी मिलें कंठ से इसी भाव से। *30.12.1958*

धूप

धूप चमकती है चाँदी की साड़ी पहने
मैके में आयी बेटी की तरह मगन है
फूली सरसों की छाती से लिपट गयी है
जैसे दो हमजोली सखियाँ गले मिली हैं
भैया की बाहों से छूटी भौजाई-सी
लहँगे को लहराती लचती हवा चली है
सारंगी बजी है खेतों की गोदी में
दल के दल पक्षी उड़ते हैं मीठे स्वर के

अनावरण यह प्राकृत छवि की अमर भारती
रंग-बिरंगी पंखुरियों की खोल चेतना
सौरभ से मँह-मँह महकाती है दिगंत को
मानव मन को भर देती है दिव्य दीप्ति से
शिव के नंदी-सा नदियों में पानी पीता
निर्मल नभ अवनी के ऊपर बिसुध खड़ा है
काल काग की तरह ठूँठ पर गुमसुम बैठा
खोयी आँखों देख रहा है दिवास्वप्न को। *17.1.1959*

मेरे देश, तुम्हारी छाती की मिट्टी मैं हो जाऊँगा

मर जाऊँगा तब भी तुमसे दूर नहीं मैं हो पाऊँगा
मेरे देश, तुम्हारी छाती की मिट्टी मैं हो जाऊँगा
मिट्टी की नाभी से निकला मैं ब्रह्मा हो कर आऊँगा
गेहूँ की मुट्ठी बाँधे मैं खेतों-खेतों छा जाऊँगा
और तुम्हारी अनुकंपा से पक कर सोना हो जाऊँगा
मेरे देश, तुम्हारी शोभा मैं सोना से चमकाऊँगा। *19.4.1959*

किसान स्तवन

तुम जो अपने हाथों में विधि से ज्यादा ताकत रखते हो
मेहनत से रहते हो, खेतों में जाकर खेती करते हो
मेड़ों को ऊँचा करते हो, मेघों का पानी भरते हो
फसलों की उम्दा नसलें हर साल नयी पैदा करते हो
लाठी लेकर रखवाली सबकी करते हो
कजरारी गौऔं के थन से पय दुहते हो
फिर भी मूँड़े पर गोबर लेकर चलते हो
तुम जो धन्नासेठों के तलवे मलते हो
तुम जो छाती पर पत्थर रक्खे जीने का दम भरते हो
अन्याओं से जोर जुलुम से मुट्ठी ताने लड़ मरते हो
तुम जो ठगते नहीं ठगे सब दिन जाते हो

तुम जो सरकारी पेटी में टैक्सों में पैसा भरते हो
अफसर के वेतन को अपने लोहू देकर मोटा करते हो
थाने की ड्योढ़ी पर जाकर बकरे जैसा कट आते हो
मेहनत की मस्ती में ज्ञानी-विज्ञानी को शरमाते हो
तुम जो मेहनत की गेहूँ जौ की रोटी खाते हो
तुम जो मेहनत की भद्दर गहरी निंदिया में सो जाते हो
तुम अच्छे हो तुमसे भारत का भीतर-बाहर अच्छा है
तुम सच्चे, तुमसे भारत का सुंदर सपना सच्चा है
तुम गाते हो, तुमसे भारत का कोना-कोना गाता है
तुमसे मुझको मेरे भारत को जीवन का बल मिलता है
तुम पर मुझको गर्व बहुत है, भारत को अभिमान बहुत है
यद्यपि शासन तुमको क्षण भर का कोई मान नहीं देता है
तुम जो रूसी-चीनी-हिंदी मैत्री के दृढ़ संरक्षक हो
तुम जो तिब्बत-चीन एकता के विश्वासी अनुमोदक हो
तुम जो युद्धों के अवरोधक शांति समर्थक युगधर्मी हो
मैं तो तुमको मान मुहब्बत सब देता हूँ
मैं तुम पर कविता लिखता हूँ
कवियों में तुमको लेकर आगे बढ़ता हूँ
असली भारत पुत्र तुम्हीं हो
असली भारत पुत्र तुम्हीं हो
मैं कहता हूँ।

22.4.1959

वसंत आया

वसंत आया :
पलास के बूढ़े वृक्षों ने
टेसू की लाल मौर सिर पर धर ली!

विकराल बनखंडी
लजवंती दुलहिन बन गयी,
फूलों के आभूषण पहन आकर्षक बन गयी।

अनंग के
धनु-गुण के भौंरे गुनगुनाने लगे,
आम के अंग
बौरों की सुगंध से महक उठे,
मंगल गान के सब गायक पखेरू चहक उठे। *20.10.1959*

हो, न हो तुम्हें...

हो, न हो तुम्हें,
हमें है हमारी सत्ता का बोधः
कि हम हैं संगमरमर के भीतर जल रहे दिये,
पर्त-पर्त में प्रकाश भर रहे दिये;
कि हम हैं मूर्तियों की अंतरात्मा के दिये,
दिक्काल को भी जीवित कर रहे दियेः
कि हम हैं सूर्य और चंद्रमा की आयु के साथी दिये,
अंधकार के विस्तार को पी रहे दिये। *30.10.1959*

दिन अब भी गरम और गुदगुदा होता है

दिन अब भी गरम और गुदगुदा होता है,
तुम्हारे वक्षस्थल की तरहः
सानुराग मेरे दृढ़ वक्षस्थल से सटकर,
मुझे गरमाता और रोमांचित करता है!
हवा अब भी सुखद और कुनमुनी होती है,
तुम्हारे निःश्वास की तरह,
मेरे खुले चेहरे को सनेह से स्पर्श कर,
मुझे मंद-मंथर स्वभाव से सहलाती है!
लेकिन ये सूर्योदय और सूर्यास्त अब तो
तुम्हारे कुंडलों की तरह
प्रदीप्त होने पर भी, दृष्टि से छूने पर,
मेरे तन में शीत का संचार करते हैं।
और अब तो जाड़े की ये साँवली रातें
तुम्हारे कुंतलों की तरह

अधीर, उच्छृंखल, मेरे शरीर से लगकर,
मुझे हिमपात-सी बरबस शीतल करती हैं! *3.11.1959*

तुम मुझे कुछ न दो

तुम मुझे कुछ न दो
न अपनी उँगलियों के स्पर्श की वर्तुल लहरियाँ
न अपनी आँखों की चुम्बकीय बिजलियाँ
न अपने कंधों पर की झुकी हुई मदांध सुगंधित रातें
न अपने उरोजों के उठे हुए कसे आश्वस्त कूल
न अपने गालों के गुलाबी प्रभात
न अपने ओंठों के ललित लालिभ चुंबन
न अपने नितम्बों का चरणों तक बहता हुआ महोल्लास
न अपने फूल झरते बोल
न अपने हिमानी मौन
लेकिन, तुम मुझे दो
मेरा धैर्य—मेरा हीरा
जिसे तुमने अखंडित लिया
और खंडित किया;
जिसे तुमने आभूषणों में जड़ाया
और यौवन का उत्सव मनाया,
अन्यथा असंभव है मेरा जीना
बिना धैर्य—बिना हीरा! *14.11.1959*

शब्दों की कतार के पीछे

शब्दों की कतार के पीछे,
ओट में खड़ा
मैं बोलता हूँ तुमसे!

सारसों की पाँत के पीछे,
ओट में खड़ा
मैं बोलता हूँ तुमसे! *15.11.1959*

सबसे आगे

सबसे आगे
हम हैं
पाँव दुखाने में;
सबसे पीछे
हम हैं
पाँव पुजाने में।
सबसे ऊपर
हम हैं
व्योम झुकाने में;
सबसे नीचे
हम हैं
नींव उठाने में। *15.11.1959*

केन किनारे पल्थी मारे

केन किनारे
पल्थी मारे
पत्थर बैठा गुमसुम!

सूरज पत्थर
सेंक रहा है गुमसुम!

साँप हवा में
झूम रहा है गुमसुम

पानी पत्थर
चाट रहा है गुमसुम!

सहमा राही
ताक रहा है गुमसुम! *17.11.1959*

नदी एक नौजवान ढीठ लड़की है

नदी एक नौजवान ढीठ लड़की है
जो पहाड़ से मैदान में आयी है
जिसकी जाँघ खुली
और हंसों से भरी है
जिसने बला की सुंदरता पायी है!

पेड़ हैं कि इसके पास ही रहते हैं
झुकते, झूमते, चूमते ही रहते हैं
जैसे बड़े मस्त नौजवान लड़के हैं!

नदी म्यान से खिंची एक तलवार है
जो मैदान में लगातार चलती है
जिसकी धार तेज
और बिजली से भरी है
जिसने बला की चंचलता पायी है!

कूल हैं कि इसको पास ही रखते हैं
जी-जान से इसे प्यार ही करते हैं
जैसे बड़े कुशल समर-शूर सैनिक हैं!

17.11.1959

इकला चाँद

इकला चाँद
असंख्यों तारे,
नील गगन के
खुले किंवाड़े;
कोई हमको
कहीं पुकारे
हम आएँगे
बाँह पसारे।

21.11.1959

अकथ्य को हमने कहा नहीं

अकथ्य को हमने कहा नहीं,
असत्य को हमने सहा नहीं।
कथ्य को हमने सँवारा
तब कहा,
सत्य को हमने दुलारा
तब सहा।

22.11.1959

दल-बँधा मधुकोष-गंधी फूल

दल-बँधा मधुकोष-गंधी फूल
मंदिर मौन का है,
रूप, जिसकी अंजली से,
काल की साँकल हटा कर खुल गया है।
रश्मियों का राग-रंजित
रथ यहीं पर रुक गया है।
गंध पीने के लिए
नभ भी यहाँ पर झुक गया है।

30.11.1959

अमृता शेरगिल के चित्र को देखकर

अंधी रात का तुम्हारा तन :
दाहिने हाथ की उठी हथेली;
नग्न कच्चे कुचों—
कटि के मध्य देश—
लौह की जाँघों से
आंतरिक अरुणोदय की झलक मारता है
ओ चित्र में अंकित युवती!
तुम सुंदर हो!
मौन खड़ी भी तुम विद्रोही शक्ति हो!

9.10.1960

नदी

नदी है
कि नितम्बिनी वीणा
तट पर धरी
कभी बजती—कभी मौन। *12.10.1960*

रथ दौड़ते हैं रंगीन फूलों के

रंग नहीं
रथ दौड़ते हैं रंगीन फूलों के
सांध्य गगन में।
देखो—बस—देखो।
रंग नहीं
ध्वज फहरते हैं रंगीन स्वप्नों के
सांध्य गगन में।
झूमो—बस—झूमो!
रंग नहीं
नट नाचते हैं रंगीन छंदों के
सांध्य गगन में!
नाचो—बस—नाचो! *20.10.1960*

आस्था का शिलालेख

मैं हूँ अनास्था पर लिखा
आस्था का शिलालेख
नितांत मौन,
किंतु सार्थक और सजीव
कर्म के कृतित्व की सूर्याभिमुखी अभिव्यक्ति;
मृत्यु पर जीवन के जय की घोषणा। *6.1.1961*

दिन है कि हंस हलाहल पर

दिन है कि
हंस हलाहल पर
मंद-मधुर तिर रहा है
दिन है कि
चरने गयी गाय का
सफेद बछड़ा
माँ की प्रतीक्षा में बैठा है।

9.1.1961

दिन अच्छा है

दिन अच्छा है
नदी के दृढ़ नितम्ब की तरल खुला है
पानी जिसको रास रहा है मधुर चाव से
उस नितम्ब को खुले दिवस को जीभर देखो

दिन अच्छा है
बीच खेत में बड़े साँड़ की तरह खड़ा है
गाएँ जिसको निरख रही हैं, मुग्ध भाव से
उस मनचीते वृषभ दिवस को जीभर देखो

9.1.1961

रची उषा ने ऋचा दिवा की

रची उषा ने ऋचा दिवा की
निशा सिरानी;
सुख के आमुख खिले कमल-मुख,
पुलके प्रानी;
रूप अनूप धूप के धन के
खिले मुकुल से,
महिमा हुई मही की गोचर,
रज की रोचक;

भूचर के स्वर, खेचर के पर
भास्वर हुलसेः
जल में जगी ज्योति की रम्भा-
तम की मोचक। *12.1.1961*

निर्बल और बलीन

कैसे जियें कठिन है चक्कर
निर्बल हम, बलीन हैं मक्कर
तिलझन ताबड़तोड़ कटाकट
हड्डी की लोहे से टक्कर। *18.1.1961*

देर लगा दिये हैं हमने

देर लगा दिये हैं हमने
पुलों के—
पहियों के
अपनी सदी के उस पार जाने के लिए
लेकिन पुल टूटे
पहिये टूटे हैं। *26.1.1961*

न टूटो तुम

न टूटो तुम
बस झुको यों
कि चूम लो मिट्टी
और फिर उठो। *2.3.1961*

तड़पती केन

रवि के खरतर शर से मारी,
क्षीण हुई तन-मन से हारी,

केन हमारी तड़प रही है
गरम रेत पर, जैसे बिजली
बीच अधर में घन से छूटी
तड़प रही है। *16.7.1961*

हल चलते हैं फिर खेतों में

हल चलते हैं फिर खेतों में
फटती है फिर काली मिट्टी
बोते हैं फिर बिया किसान
कल के जीवन के वरदान;
फिर उपजेगा उन्नत-मस्तक सिंहअयाली नाज
फिर गरजेगी कष्ट-बिदारक धरती की आवाज।

23.7.1961

जवान दिन

दायें-बायें
सुबह-शाम : इन
कामरूप दो सुंदरियों के बीच
जवान दिन हैरान
युगों से
भरी पृथ्वी में तपता है। *1.8.1961*

हम जियें न जियें दोस्त

हम जियें न जियें दोस्त
तुम जियो एक नौजवान की तरह,
खेत में झूम रहे धान की तरह,
मौत को मार रहे बान की तरह।
हम जियें न जियें दोस्त
तुम जियो अजेय इंसान की तरह
मरण के इस रण में अमरण

आकर्ण तनी
कमान की तरह! *9.8.1961*

वरदवीणा हुई दीना

करण का रण रणव का रण
मरण का रण लड़े क्षण-क्षण
हटे हठ से नहीं ठिठके
कहीं ठहरे नहीं बिदके
गले मिलते रहे गल के
शरण सम्बल रहे बल के
रची रचना रुचिर वचना
नलिन नयना विशद वसना
गये तुम कर गये सूना
भुवन भव है विरस ऊना
'समासीना' वह प्रवीणा
वरद वीणा हुई दीना
बचे घन के बँधे परिकर
तरल तम के रुँधे पुष्कर।।
वयन विदलित भारती है
नयन विगलित भारती है।।
फिर उदय हो सदय दिनकर
किरण चुंबन करे जी भर
जलज जागें, विमुख मुख पर
बहे 'परिमल' गहें सुख स्वर। *10.11.1961*

चोली फटी

चोली फटी सरस सरसों की
नीचे गिरा फागुनी लहँगा,
ऊपर उड़ी चुनरिया नीली,
देखो हुई पहाड़ी बिवसन
आतप-तप्ता। *13.10.1961*

सुभटकाय मेघों का संघट

सुभटकाय मेघों का संघट
कर-निकाय-रवि का निगरण कर
जल बल की जय के कोलाहल से दिगंत भर
नीलकाय नभ के मंडल से
भूमंडल पर उतरा;
तरल काय रवि की तनया के तनुल तोय में
बिंबकाय हो पुलकलाय कंजन-सा विचरा। *3.8.1962*

ओ पिकासो की पुत्रियो

कठोर हैं तुम्हारे कुचों के
मौन मंजीर,
ओ पिकासो की पुत्रियो!
सुडौल हैं तुम्हारे नितम्ब के
दोनों कूल,
ओ पिकासो की पुत्रियो!
निर्भीक हैं
चरणों तक गयीं
कदली-खंभों-सी प्रवाहित
कुमारीत्व की दोनों नदियाँ,
ओ पिकासो की पुत्रियो! *22.10.1962*

धूप पिये पानी लेटा है

धूप पिये पानी लेटा है सीना खोले
नौजवान बेटा है युग के श्रमजीवी का। *30.10.1962*

चली गयी है कोई श्यामा

चली गयी है कोई श्यामा,
आँख बचा कर, नदी नहा कर

काँप रहा है अब तक व्याकुल
विकल नील जल। *31.10.1962*

जल रहा है

जल रहा है
जवान होकर गुलाब,
खोल कर होंठ
जैसे आग
गा रही है फाग। *4.11.1962*

हरी घास का बल्लम

हरी घास का बल्लम
गड़ा भूमि पर
सजग खड़ा है
छह अंगुल से नहीं बड़ा है
मन होता है
मैं उखाड़ कर इसे मार दूँ
कुंठा को गढ़ में पछाड़ दूँ
जहाँ गड़े हैं भूले मुरदे
वहाँ गाड़ दूँ *19.11.1962*

मजदूरिन

वह
समाज में
न्याय न पाकर
अन्याओं की चोट दबाकर
भरी देह का
नेह सुखाकर
खाकर ठोकर
रोम दुखाकर

अपने सपने
धूल बनाकर
कर से कर पर की मजदूरी,
पग से
हर, पल-पल की दूरी;
जीवन जीती है
अनचाहा
दुख-दारिद पीती अनथाहा।

5.4.1963

अपने मन की बात

उतार कर
धर दिया है मैंने
अपना बड़प्पन,
वहाँ,
उस मुरदा अजायबघर में,
जहाँ
मरणोपरांत धर दी जाती हैं
बड़े-बड़ों के बड़प्पनों की उतारनें।

हल्का हो गया हूँ मैं,
सहज-साधारण हो गया हूँ मैं,
आदमियों के साथ
जीने के लिए
तैयार हो गया हूँ मैं।

न चाहिए मुझे
ऐरावत की सवारी,
न चाहिए मुझे
इंद्रासन,
न चाहिए मुझे
पारिजात।

बस,
अब,
बहुत काफी है मुझे,
मेरे लिए लोकतंत्र की ज़मीन
जो हो रही है
दिनों दिन
मानववाद से हसीन,
यही तो है मेरे काव्य की,
परम प्रेरक–प्राण से प्यारी
जन्मभूमि,
यही तो है
मेरी मनोभूमि। *मई 1964*

चम्मचों से नहीं

चम्मचों से नहीं
आकंठ डूब कर पिया जाता है
दुख को दुख की नदी में
और तब जिया जाता है
आदमी की तरह आदमी के साथ
आदमी के लिए *15.7.1965*

मैं उसे खोजता हूँ

मैं उसे खोजता हूँ
जो आदमी है
और
अब भी आदमी है
तबाह होकर भी आदमी है
चरित्र पर खड़ा
देवदार की तरह बड़ा। *31.10.1966*

पेड़ का हाथ

आग लेने गया है
पेड़ का हाथ आदमी के लिए
टूटी डाल नहीं टूटी।

29.12.1967

एक बच्चा हँसा

मर गया हूँ मैं
पड़ोस की बूढ़ी औरत के मरने पर
जनाजा उठने के बाद
एक बच्चा हँसा
और फिर रोया
मरा हुआ मैं.... जी उठा
और फिर उसे गोद में उठा लिया
लगा, कि कोई नहीं मरा
सूरज, अब भी चल रहा था
रिक्शे पर दुनिया दौड़ रही थी
वह सड़क जो कभी नहीं उठी थी
उठ बैठी
और उसने मुझे लपेट लिया
मुझे प्रतीत हुआ कि मैं
खिले हुए गुलाब के बाग में हँस रहा हूँ
मेरी बाहों में जिंदगी दौड़ती हुई हरहराने लगी
मैंने बुढ़िया के दरवाजे झूमते बादल का हाथी बाँध दिया
और उसका घंटा बजने लगा
शून्य के उड़ते हुए गोले फट गये
और वियतनाम की लड़ती हुई जनता
मौत को मारने लगी।
मेरी गोद का बच्चा सूरज के रथ पर बैठकर
दुनिया की सैर करने लगा
और वाशिंगटन पहुँच कर उसने जांसन के सिर पर
एक टीप मारी

गैलपपोल में जनता ने तालियाँ बजा दीं
और कासीगन ने
माओ की ओर मुँह बिरा दिया
तभी मैंने पढ़ा
कि लोहिया बीमार हैं
इंदिरा गांधी तीमारदार हैं
कविता ने कहा 'अब बस करो'
थोड़ा कहा बहुत समझना।

1967

डॉ. रामविलास शर्मा के बाँदा आने पर

न देखा था
मैंने
देवदार
तुम
आये
और दिख गया मुझे
दृढ़ स्तम्भ पेड़
मेरी आँखों में खड़ा
अटूट आस्था से
हो गया
बड़ा
दिन
हो गया
इंद्रियों के अंदर
सिंधु पा गया
सूर्य को
पानी के अस्तित्व में
मैं और कविता
जी भर बटोरते रहे
धूप का धन
एक साथ
एक साथ जीने के लिए

खुल कर बंद हो गयी
चिरौंटे की लाल चोंच
और तुम
आये और गये हो गये।

19.3.1968

झूठ मरे तो कैसे

सच ने
जीभ नहीं पायी है
वह बोले तो कैसे
असली बात कहे तो कैसे

सच की बात
गवाही कहते
जीभ उलटते और पलटते
सच कहने में असफल रहते
    सच साबित हो कैसे
    दिन में दिन हो कैसे

न्यायी बैठे
    जीभ पकड़ते
जब वादी-प्रतिवादी लड़ते
    सच के पाँव उखड़ते
    झूठे के जब झंडे गड़ते
सच जीते तो कैसे
न्याय मिले तो कैसे

असली का नकली हो जाता
नकली का असली हो जाता
न्याय नहीं हंसा कर पाता
        नीर-क्षीर विलगे तो कैसे
        सच की साख जमे तो कैसे

कागज का पेटा भर जाता
पेटे में पड़ सच मर जाता
झूठे को डिगरी मिल जाती
जीते की बाछें खिल जातीं
झूठ मरे तो कैसे
कष्ट हरे तो कैसे

20.4.1968

खफ्त है मुझे आदमी होने का

खफ्त है मुझे
आदमी होने का
बेखफ्त आदमी
साँड़ है
सियार है
पेट भर लेता है
नेता है।

19.7.1968

बजी रूप-रस की शहनाई

हे मेरी तुम!
मैंने देखा :
शाहंशाह सूर्य ने झुक कर
मेरे आँगन की क्यारी के
खिले-खुले दिल के
गरबीले लाल गुलाब
बड़े प्यार से चूमे।

हे मेरी तुम!
मैंने देखा :
धूप हँसी दूधिया दीप्ति से,
खुशबू ने
खुश दिल से

खुशख़बरी फैलायी,
बजी रूप-रस की शहनाई

हे मेरी तुम!
मैंने देखाः
राग-पराग-भरी पंखुरियाँ
मेरे भीतर
मेरे बाहर
रस से छलकीं;
मेरे उन्मादी यौवन की
सोयी-खोई सुधियाँ महकीं

16.10.1968

मिट मिट कर मैं सीख रहा हूँ

दूर कटा कवि
मैं जनता का,
कच-कच करता
कचर रहा हूँ अपनी माटी;
मिट-मिट कर
मैं सीख रहा हूँ
प्रतिपल जीने की परिपाटी
कानूनी करतब से मारा
जितना जीता उतना हारा
न्याय-नेह सब समय खा गया
भीतर बाहर धुआँ छा गया
धन भी पैदा नहीं कर सका
पेट-खलीसा नहीं भर सका
लूट खसोट जहाँ होती है
मेरी ताव वहाँ खोटी है
मिली कचहरी इज्जत थोपी
पहना चोंगा उतरी टोपी
लिये हृदय में कविता थाती
मैं ताने हूँ अपनी छाती।

1969

सच

सच
अब नहीं जाता
अदालत में,
खाल खिंचवाने
मूँड़ मुँड़वाने
हाड़ तोड़वाने,
खून चुसवाने।

सच,
अब झाँक नहीं पाता
अदालत में
न्याय नहीं पाता
अदालत में!

जून 1970

कनबहरे

कोई नहीं सुनता
झरी पत्तियों की झिरझिरी
न पत्तियों के पिता पेड़
न पेड़ों के मूलाधार पहाड़
न आग का दौड़ता प्रकाश
न समय का उड़ता शाश्वत विहंग
न सिंधु का अतल जल-ज्वार
सब हैं—
सब एक दूसरे से अधिक
कनबहरे
अपने आप में बंद ठहरे!

मार्च 1971

जी के काम किये जीने में

जी के काम
किये जीने में,

संप्रति
साँग लिये सीने में;
रुचि की
रचना
रची मरम से,
बाँध
नहीं बाँधे
कुकरम के।

जून 1971

हम और लोग

हम—
बड़े नहीं—
फिर भी बड़े हैं
इसलिए कि
लोग जहाँ गिर पड़े हैं
हम वहाँ तने खड़े हैं,
द्वंद्व की
लड़ाई भी
साहस से लड़े हैं;
न दुख से डरे,
न सुख से मरे हैं;
काल की मार में
जहाँ दूसरे झरे हैं,
हम वहाँ अब भी
हरे-के-हरे हैं।

नवंबर 1974

मीना कुमारी की मृत्यु पर

रेत में
खो गयी नदी,
सागर पछाड़ खाता है इंतजार में,
अदृश्य में

उड़ गयी रोशनी
'हुआ-हुआ' करता है अंधकार कर सियार,
अँगुलियाँ सहलाती हैं समय का सितार
संगीत नहीं बजता—
बिना तार और प्यार के,
हवा का रुक गया है जुलूस
प्यार के मजार के पास,
झुक गयी है नकाब ओढ़े दर्द की डाल
न आग है, न आग का नाच
सपाट है बर्फ की सड़क
बिना पदचाप के
अनंत को चली गयी, मौन हुई।

अप्रैल 1972

अहिंसा

मारा गया
 लूमर लठैत
पुलिस की गोली से
किया था उसने कतल
उसे मिली मौत
किया था कतल पुलिस ने
उसे मिला इनाम

प्रवचन अहिंसा का
हो गया नाकाम।

21.6.1972

चिड़ीमार ने चिड़िया मारी

हे मेरी तुम!
चिड़ीमार ने चिड़िया मारी;
नन्नी-मुन्नी तड़प गई
 प्यारी बेचारी।

हे मेरी तुम!
सहम गई पौधों की सेना;
पाहन-पाथर हुए उदास;
हवा हाय कर
ठिठकी ठहरी;
पीली पड़ी धूप की देही।

हे मेरी तुम!
अब भी वह चिड़िया जिन्दा है
मेरे भीतर,
नीड़ बनाये मेरे दिल में,
सुबुक-सुबुक कर
चूँ-चूँ करती
चिड़ीमार से डरी-डरी-सी।

28.2.73

काल कलूटा बड़ा क्रूर है

हे मेरी तुम!
काल कलूटा बड़ा क्रूर है—
उसका चाकू और क्रूर है—
उससे ज़्यादा।
लेकिन अपना प्रेम प्रबल है।
हम जीतेंगे काल क्रूर को;
उसका चाकू हम तोड़ेंगे;
और जियेंगे;
सुख-दुख दोनों
साथ पियेंगे;
काल क्रूर से नहीं डरेंगे—
नहीं डरेंगे—
नहीं डरेंगे।

28.3.1973

अपनी बात

देखे दाँव
पैंतरे झेले;
खायी मार
मोर के मुँह की,
आँख न फूटी;
मत्त गयंदी
पदघात से
कमर न टूटी;
नरम जीभ से
हमने
दिग्गज-पर्वत
ठेले।

मई 1973

चढ़ी जवानी

हे मेरी तुम!
चढ़ी जवानी—
बरसा पानी;

झूमी-झूली डाल—
काल के खड़े पेड़ पर
डाले झूला।

हे मेरी तुम!
ऊपर बाग—हर्ष का फूला;
नीचे यम का पड़ा बसूला।

29.7.1973

सब चलता है लोकतन्त्र में

हे मेरी तुम!
सब चलता है

लोकतन्त्र में,
चाकू - जूता - मुक्का - मूसल
और बहाना।

हे मेरी तुम!
भूल-भटक कर भ्रम फैलाये,
गलत दिशा में
दौड़ रहा है बुरा जमाना।

हे मेरी तुम!
खेल-खेल में खेल न जीते,
जीवन के दिन रीते बीते,
हारे बाजी लगातार हम,
अपनी गोट नहीं पक पाई,
मात मुहब्बत ने भी खाई।

हे मेरी तुम!
आओ बैठो इसी रेत पर,
हमने-तुमने जिस पर चलकर
उमर गँवाई।

30.7.73

देश की राजनीति

न आग है,
न पानी,
देश की राजनीति
बिना आग-पानी के
खिचड़ी पकाती है
जनता हवा खाती है।

जुलाई 1973

महँगाई

ज़मीन से उठकर,
ऊपर,

अंतरिक्ष में
चली गयीं क़ीमतें,
आकाश गंगा में
डुबकी लगाने,
पुण्य कमाने।

नज़र से बाहर,
नायाब हो गयीं वस्तुएँ
पाताल में धँसकर।
शाह हो गये चोर।

शहर में चालू है
चोर बाजारी
फरेब-मक्कारी।

चोर के घर
नाचता है मोर,
मुग्ध है लक्ष्मी आत्म-विभोर।

असमर्थ है राजतंत्र
महँगाई घटाने में।

जुलाई, 1973

धूप की तलवार

खिले हैं
खुले दिल के
कमल के फूल,
आकाश का
विश्वाधार
पंखुरियों पर उठाये,
हवा का
हिलता है दुकूल,
न कोई टंटा है—

न कोई शूल,
नदी में
चमकती है
धूप की धार-धरी
तलवार।

मई 1975

दिन, नदी और आदमी

दिन ने नदी को—
नदी ने दिन को—
प्यार किया।
दोनों ने
एक दूसरे को जिया,
एक दूसरे को जी भर कर पिया।
आदमी ने
दिन को काटा
नदी के पानी को बाँटा।

नवम्बर 1975

और का, और मेरा दिन

दिन है किसी और का
सोने का हिरन;
मेरा है
भैंस की खाल का
मरा दिन।
यही कहता है
वृद्ध रामदहिन,
यही कहती है
उसकी घरैतिन
जब से,
चल बसा
उसका लाडला।

जुलाई 1976

लोगों का जीवन

छाया मेघों की,
मयूर का नाच,
सिर के ऊपर उड़ते कौए,
पाँव तले की घास,
रेत काटती
नदी नवेली,
बातूनी
बातास बहकती,
कठघोड़े पर चढ़े समय की
बिना चले की चाल,
ऐसा जीवन
जीता है मैदान।
ऐसा ही
जीवन जीते हैं
आज देश के लोग।

सितम्बर 1976

वसंत में

सिर से पैर तक
फूल-फूल हो गयी उसकी देह,
नाचते-नाचते हवा का
वसंती नाच।

हर्ष का ढिंढोरा
पीटते-पीटते, हरहराते रहे
काल के कगार पर खड़े पेड़।

तंरगित,
उफनाती-गाती रही
धूप में धुपायी नदी
काव्यातुर भाव से।

जून 1977

देश में लगी आग को

देश में लगी आग को
लफ्फाजी नेता
शब्दों से बुझाते हैं;
वाग्धारा से
ऊसर को उर्वर
और देश को
आत्म-निर्भर बनाते हैं;
लोकतंत्र का शासन
भाषण-तंत्र से
चलाते हैं।

9.12.77

सूरज जनमा

सूरज जनमा,
सुबह हुई।

सूरज डूबा,
शाम हुई।

रात,
अँधेरे की

संगत में,
बुरी तरह

बदनाम हुई।

4.1.78

आयोग

चलनी चालते हैं छोटे बड़े आयोग।
छेद-छेद से झराझर झरता है

तथाकथित यशस्वियों का भ्रष्टाचार,
आततायियों का अत्याचार।
काँच-काँच के करकते टुकड़ों का
लग गया है भारी-भरकम अंबार।

देखता है मेरा देश
दाँत तले उँगली दबाये—
आश्चर्य-चकित आँखें उघारे;
दर्द दर्द से कराहता-खाँसता;
बर्फ की टोपी सिर पर लगाये
पाँव में पहने सागर का जूता;
पेट पीठ में
सरकार के पोस्टर चिपकाये। *20.2.1978*

लड़ गये

लड़ गये
बड़े-बूढ़े जवान गिरगिटान,
दूसरी क्रांति के प्रवर्तक कापालिक महान्,
कुर्सी के लिए
कुर्सियों के दंडकारण्य में।

खुल गई राजघाट में
पुश्त-दरपुश्त की पंडा-बही;
चाव से पढ़ने लगे लोग
पिता-पुत्र के
गलत-सही साबिक और हाल के
कागजी इंदरजाल।

ढमाढम बजते हैं गाल के बड़े बोल
और ढोंग के ढोल।

सत्य सोता है
अराल केशी अवनी की बाहों में;
असत्य नाचता है
मयूर-नाच इंद्रधनुष के साथ,
मुग्ध देखती है
भ्रम में भूली दुनिया।

कीचड़ में सनी राजपथ में पिटी पड़ी हैं
राज-रथ से
नाजुक, नौजवान, दिशा-दृष्टि-हीन
सुर्खियाँ।

अलभ्य हो गई
आदमी को आदमी की पहचान।

मासूम जिंदगी
छोटी हो गई सिकुड़ते-सिकुड़ते–
छिंगुली की तरह,
मौत के माहौल में–
पेट-पीठ-मार व्यापार के मखौल में
खचाखच भरे हैं
बरजोर बेईमानियों के तहखाने;
खाली पड़े हैं यथास्थान
खपरैल छाये-बरसों पुराने
ईमान के हाथों उठाये मकान।
नायाब बजाते हैं
नरक का सितार नेकनाम नारद।

देवता और देवराज
जागती जमीन की तपस्या से
चौंकते-थर्राते हैं
आज भी-अब भी।

प्रान और पानी का पोलो खेलते हैं
कुशल-क्षेम से,
दाँव-पेंच के पचड़े में पड़े
राजघाट की राजनीति के 'नुमाइंदे;
डूबते आदमी को डूबते नहीं देखते,
हर्ष के हौसले में मस्त
फर्ज की दुनिया से आँख चुराये।

टूटती,
टकराती,
पछाड़ खाती झनझनाती हैं
उठी लहरें;
समर जीतने का स्वप्न देखते-देखते
बात-की-बात में
हार-हार जाती हैं।

धैर्य के तट पर टिके
आराम फरमाते हैं धुरंधरी जहाज;
न पिंड छोड़ते हैं—
न मुँह मोड़ते हैं;
खड़े-खड़े वहीं कोयला खाते—
तेल पीते,
मालामाल हुए मौज मारते हैं,
ऐश्वर्य की चिमनी से
भीतरी धुआँ बाहर उछालते हैं।

आकाश पीता है
सामने खड़े कारखाने का
चिमनी-छाप सिगार।

धूप का धोखा
शहर के सिर पर,

छाता ताने तना है।

आत्मलीन हैं दोनों,
बलीन बादल और बिजली
समाधिस्थ शिव की
उपासना में विसर्जित,
चारों ओर चालू है
यंत्र और तंत्र का नियंत्रण।

चेतन चित्त
और चरित्र के चतुरानन,
भूँजी भाँग खाते
और पहाड़ फोड़ कर आया
पानी पीते हैं,
मक्कर की दुनिया में
टक्कर खाये-बिना जीते हैं।

जब भी—जहाँ भी, कोई परदा
जरा-सा ऊपर उठा,
आदमियों के बजाय—
शैतानों का समूह वहाँ संसार को
लूटते-खसोटते दिखा।

समाज को जकड़े पड़े हैं
जबरजंग-
भभूतिया भूसुरों के चिमटे;
त्राहिमाम-त्राहिमाम करता है आदमी
मुक्ति पाने के लिए।

खड़े हैं
बड़ी-बड़ी परिकल्पनाओं के
बड़े-बड़े ऊँचे मूँगिया पहाड़;

पहाड़ों से
बहती चली आती हैं
झमाझम पतित-पावन नदियाँ
अलौकिक उन्माद का
प्रवचन करतीं।

कीर्तन करते हैं
हम और हमारे वंशज
देवी-देवताओं को
समर्पित किये तन और मन।

न आदमी बचता है—
न मसान बुझता है।

खनाखन बजाते हैं मन के मजीरे,
समय की साख को झनझनाते।

न देह को गरीबी छोड़ती है;
न ज्ञान की आँख को
अमीरी खोलती है।

हड़ताल में लगे लोग
सूखे हाड़ बजाते हैं
फिलहाल
खून के धारदार आँसू बहाते हैं।

बाजार में
सिर कटाये बिकते हैं
नमक-मिर्च और नींबू लगे खीरे।

पाँव के ठप्पे

मत-पत्र पर लगाये
गाँव के गरियार गोरु
बरियार बैताल को पीठ पर चढ़ाये
निर्द्वन्द्व पगुराते हैं;
दूसरों के सताये,
दूसरों के लिये मरे जाते हैं।

शहर की शोभा
शरीफजादे लूटते हैं,
देखते-देखते मानवीय मर्यादाओं को
पाँवों के तले खूँदते हैं।

जब भी—जहाँ भी
कोई आग जली—
जमीन से जरा ऊपर लपक उठी,
हमने और हमारे हमदर्दों ने—
लपक कर,
आग और लपक को
पाँव से कुचला
और दिवंगत बनाया।

यही है
इस देश का हाल,
लोकतंत्र में जिसे, मैंने,
सब जगह पिटते—
तड़पते-कराहते—
खून-खून होते देखा।

13.8.1978

पानी

पानी
पड़ा भँवर में नाचे;

नाव किनारे थर-थर काँपे;
चिड़िया पार गई;
　　नदिया हार गई।

पाथर पड़े
अगिन[1] दहकाये,
संज्ञा-शून्य
समाधि लगाये;
दुपहर मार गई,
ऐंठ उतार गई।　　*26.8.78*

हम मिलते हैं बिना मिले ही

हे मेरी तुम!
हम मिलते हैं
　　बिना मिले ही
　　　　मिलने के एहसास में
जैसे दुख के भीतर
　　　　सुख की दबी याद में।

हे मेरी तुम!
हम जीते हैं
　　बिना जिये ही
　　　　जीने के एहसास में
जैसे फल के भीतर
　　　　फल के पके स्वाद में।　　*28.6.1979*

आयें दिन

　　आयें दिन
　　　　जैसे भी आयें,

---

1. रामविलास के पत्र में 'देह' है।

लायें दुख जैसे भी लायें।

वे सब मेरे पाहुन होंगे,
मैं उनका सत्कार करूँगा,
नवाचार से
उनका-अपना
लोकमुखी उद्धार करूँगा। *6.7.79*

भीतर की लौ साधे

हे मेरी तुम!
हम दोनों अब भोग रहे हैं
दीन देह को;
प्यार-प्यार से बाँधे;
ढले-ढले
दिल से ढकेलते
दिन का ठेला;
और रात को
काट रहे हैं
भीतर की लौ साधे। *20.7.1979*

दहका खड़ा है सेमल का पुरनिया पेड़

हे मेरी तुम!
दहका खड़ा है
सेमल का पुरनिया पेड़
टपाटप टपकाता जमीन पर
लाल-लाल फूली आग,
कचहरी के सामने
क्रांति का माहौल बनाये;
राजनीति से
ताल-मेल बैठाये। *18.3.1980*

पछाड़ते-पछाड़ते

पछाड़ते-पछाड़ते
सफेद हो गई जिंदगी
जैसे कफन।

मौत का मसान
अब मुझे बुलाता है
नदी किनारे।

फूला खड़ा है
इस उम्र में, अब भी,
राह रोके
प्यार का पुष्पित पौधा।

न जाऊँगा अब
मसान जगाने,
जिऊँगा जिंदगी अभी और अभी और
जानदार पौधे के तले
रंग-रूप को लगाये गले।

10.5.80

मुझे न मारो मान-पान से

मुझे न मारो
मान-पान से,
माल्यार्पण से
यशोगान से,
मिट्टी के घर से
निकाल कर
धरती से ऊपर उछाल कर।

मुझे न तोड़ो
कमल-नाल़ से,
तुहिन-माल से,
अश्रु-माल से,
लड़ लूँगा मैं
कुपित काल से,
अह-रह जलती
नरक-ज्वाल से।

मेरे साथी!
बंधु-घराती!
मेरी कविता
मुझे बताती:
खड़ी रहे लौ—
बुझे न बाती—
दंड-दमन से फटे न छाती।

5.7.80

वाक्य पूरा कर रहा हूँ

हे मेरी तुम!
जी रहा हूँ
जिन्दगी अपनी
और तुम्हारी;
एक साथ,
हाथ में लिये हाथ।

एक 'मैं' में
द्वैत से अद्वैत होकर,
वाक्य पूरा कर रहा हूँ,
क्रिया-कर्त्ता-कर्म से
भव भर रहा हूँ।

9.8.1980

गठरी चोरों की दुनिया में

हे मेरी तुम!
'गठरी-चोरों' की दुनिया में
मैंने गठरी नहीं चुरायी;
इसीलिए कंगाल हूँ;
भुक्खड़ शाहंशाह हूँ;
और तुम्हारा यार हूँ;
तुमसे पाता प्यार हूँ।

1.9.1980

मैं समय की धार में धँस कर खड़ा हूँ

मैं
समय की
धार में
धँस कर खड़ा हूँ।

मैं
छपाछप
छापते
छल से
लड़ा हूँ
क्योंकि मैं
सत् से सधा हूँ—
जी रहा हूँ;
टूटने वाला नहीं
कच्चा घड़ा हूँ।

3.9.1980

गुलाब

झरने
झरने को

गुलाब है झुका हुआ,
केवल
अनुमोदन पाने को
रुका हुआ। *4.6.1981*

खड़ा पहाड़ चढ़ा मैं अपने बल पर

खड़ा पहाड़ चढ़ा मैं
अपने बल पर।
ऊपर पहुँचा
मैं नीचे से चल कर।
पकड़ी ऊँचाई तो आँख उठाई,
कठिनाई अब
नहीं रही कठिनाई।

देखा :
छल-छल पानी
नीचे जाता,
ऊँचाई पर टिका नहीं रह पाता।

जड़ता
झरती है
ऐसे ही नीचे,
चेतन का पौरुष
जब उठता ऊँचे। *10.11.1981*

मैंने आँख लड़ाई गगन विराजे राजे रवि से

मैंने आँख लड़ाई
गगन विराजे राजे रवि से, शौर्य में;
धरती की ममता के बल पर।
मैंने ऐसी क्षमता पाई।

मैंने आँख लड़ाई
शेषनाग से, अंधकार के द्रोह में;
जीवन की प्रभुता के बल पर
मैंने ऐसी दृढ़ता पाई।

मैंने आँख लड़ाई
महाकाल से, मृत्युंजय के मोद में;
अजर अमर कविता के बल पर
मैंने ऐसी विभुता पाई। *12.11.1981*

फटा अँधेरा फूहड़ फैला

फटा अँधेरा फूहड़ फैला,
फटी
काल की झिल्ली।

धूमधाम से
निकला सूरज,
चेतन—
प्रतिभावान—
विजेता। *15.11.1981*

मेरे मन की नदी

मेरे मन की नदी
सदी के वृहत् सूर्य से चमक रही है
मेरे पौरुष का यह पानी दृढ़ पहाड़ से टकराता है
टूट-टूट जाता है फिर भी बूँद-बूँद से घहराता है
नृत्य-नाद की नटी तरंगों के छंदों की
जय का ज्वार भरे गाती है कलहंसों से। *7.9.1982*

देश के भीतर

देश के भीतर दहन और दाह है,
अन्तर्राष्ट्रीय स्तर पर
वाह-वाह है!

7.5.1984

आये हो तो

आये हो तो
उमड़-घुमड़ कर,
नीचे आकर,
और निकट से
इन धनहा खेतों के ऊपर,
अनुकंपा का झला मार कर,
जी उँडेल कर,
झम-झम-झम-झम बरसो;
गिरे दौंगरा गद-गद-गद-गद
लिये हौसला,
झड़ी न टूटे,
भरे खेत, उफनायें, लहरें,
हरसें, हहरें;
रोपे धान बढ़ें,
बल पायें,
पौरुष पायें;
हरी-भरी खेती हो जाये,
सुख सरसाये।

1.8.1984

मेरी कविताएँ गायेगी जनता सस्वर

नहीं सहारा रहा
धरम का और करम काः
एक सहारा है

बस मुझको नेक कलम का,
जरा-मरण से हार न सकते
मेरे अक्षर
मेरी कविताएँ गायेगी
जनता सस्वर।

28.5.1985

छोड़ो परम अलौकिक छोड़ो

जी कहता है
इस दुनिया को सत्य समझ कर
जी भर इसे जियो,

इसके नखरे—
इसकी रूठन—
इसकी तेजी—
इसकी गर्मी।
इसकी धड़कन—
इसकी तड़पन—
इसकी विमुखन—
असहनीय हों चाहे जितनी,
इसको परम उदार समझ कर
जी भर इसे जियो,
इससे कभी न मुँह मोड़ो;
जोड़ो तो, बस, गहरा नाता इससे जोड़ो;
छोड़ो
परम अलौकिक छोड़ो,
लेकिन इसको कभी न छोड़ो,
जी कहता है
इसे प्यार दो प्रिया समझ कर,
प्यार-प्यार से इसे जियो,
जी भर इसे जियो।

10.6.1985

दुख ने मुझको जब जब तोड़ा

दुख ने मुझको
जब-जब तोड़ा
मैंने
अपने टूटेपन को
कविता की ममता से जोड़ा,

जहाँ गिरा मैं,
कविताओं ने मुझे उठाया,
हम दोनों ने
वहाँ प्रात का सूर्य उगाया। *16.6.1985*

मौन पड़ी हैं प्रिया प्रियंबद

मौन पड़ी हैं प्रिया प्रियंबद,
बिना बोल का मुँह खोले;
प्यार पुलक की आँखें मींचे,
दुख में डूबी साँसें लेती!

पास खड़ा मैं
महाकाल को
रोक रहा हूँ,
कविताओं का घेरा डाले,
यहाँ न आये
उनको लेने;
जीवन की जय
प्रेम गोगिनी पायें। *25.12.1985*

खंभ फाड़कर जीना है

जितने दिन जीना है
अपने इस जीने को,

खंभ फाड़कर जीना है

देह ढले,
या उठें उसाँसें,
इस जीने को
सौ-सौ मन से जीना है

खून गिरे
या चुए पसीना
इस जीने को
मौत मारकर जीना है। 5.5.1986

मैं समय को साधता हूँ

मैं
समय को साधता हूँ
जिंदगी से बाँधता हूँ

मैं नयन में
सूर्य की आलोक आभा
आँजता हूँ

व्याल जैसे काल को मैं
चेतना से
नाथता हूँ

काव्य की
मउहर बजाते
लोक-लय में नाचता हूँ

द्वंद्व में
निर्द्वंद्व रहकर
मैं निरंतर जागता हूँ। 7.5.1986

आई माँ की याद

आई माँ की याद
और आँखें भर आयीं
उन्हें गये हो गये बहुत दिन, बरसों बीते!

होतीं तो वह जर्जर होतीं;
मुँह में दाँत न होते,
हाथ-पाँव सिर हिलते;
बिना सहारा बैठ न सकतीं,
सिकुड़ी सिमटी रहतीं
बुद-बुद करतीं
बोल न सकतीं;
अपनी बूढ़ी देह टोहतीं;
रो-रो पड़तीं;

इनके आँसू मुझे पोंछने पड़ते;
पाँव दाबता—दर्द मिटाता—
मैं समझाता, धैर्य बँधाता;
सिर पर मेरे हाथ फेरतीं;

मुझ बूढ़े को बूढ़ी अम्मा
गले लगातीं—
चूम-चूमकर मुझे प्यार से
बलि-बलि जातीं

आज याद में उन्हें जिलाये
उनकी पद-रज शीश चढ़ाये,
रोते-रोते
मैं हँसता हूँ
अपनी आयु भुलाये।

19.5.1986

जाओ लेकिन आत्मगंध दे जाओ

जाओ,
लेकिन आत्मगंध
दे जाओ,
जाते जाते फिर मुसकाओ
कुंद-हास का
सुख दे जाओ

जाओ
लेकिन दृष्टि-दीप्ति
दे जाओ
जाते-जाते द्वैत मिटाओ,
प्रेम-लीन
अद्वैत बनाओ

जाओ
लेकिन व्याप्ति-बोध
दे जाओ,
जाते जाते मृत्यु-विजेता
चुंबन देकर
लेकर जाओ।

25.5.1986

चिता जली तो मैंने देखा

चिता जली
तो मैंने देखा
दहन दाह में
कंचनवर्णी पंखुरियों का
कुबलय
प्रमुद खिला
रज को
राग पराग मिला।

6.10.1986

चेतना मेरी जिलाये है तुम्हें

चेतना मेरी जिलाये है तुम्हें,
पास तुम बैठी हुई हो

मैं मगनमन देखता हूँ;
केश लंबे कुंडलित हैं
माँग में सेंदुर अभय है—
माथ में अरुणाभ टीका दमदमाता—
नाचता है
बड़ी आँखों में उजाला
आंतरिक आह्लाद से उत्फुल्ल—
राग रंजित मंद मुसकाते अधर
जग जीतते हैं—
वक्ष में
धीरज धरा का गूँजता है—
अंक में आलोक
चिंता-मुक्त बैठा
प्रिय पवन से खेलता है—
क्षीण कटि है
आयु की अवशेष जैसी—
चल चुके पद देह को साधे हुए हैं

जय-विजय की
जिंदगी तुम जी रही हो
मौत तुमको देखती है भवें ताने,
क्षुब्ध मन से

हर न सकती अब तुम्हें
हारकर कुंठित कुपित है

मैं उसे ललकारता हूँ

रुक न पायी,
गयी, ओझल हो गयी
रह गयी
गाती तरंगित—
दिग्विजयिनी चेतना की काम्य कविता
तुम्हें मेरी प्रिय बनाये
प्यार से मुझको रिझाये

मैं तुम्हारे साथ जीवन जी रहा हूँ
शक्ति से—
सामर्थ्य से
आनंद से।

26.10.1986

उनको महल मकानी

उनको
महल मकानी
हमको छप्पर छानी

उनको
दाम-दुकानी
हमको कौड़ी कानी

सच है
यही कहानी
सबकी जानी-मानी

11.1.1980 से 11.6.1990

आदमी की चाँदमारी

अब
पहरुये
आदमी की

चाँदमारी
करते हैं,
सत्ता का कुंड
आदमियों के रक्त से भरते हैं।

2.9.1990

फूलों की होली

फूलों ने
होली
फूलों से खेली

लाल
गुलाबी
पीत-परागी
रंगों से रँगरेली पेली

काम्य कपोली
कुंज किलोली
अंगों की अठखेली ठेली

मत्त मतंगी
मोद मृदंगी
प्राकृत कंठ कुलेली रेली

4.3.1991

बागी घोड़ा

मैंने
बागी घोड़ा देखा।

उछल-कूद करता दहलाता
जोरदार हड़कंप मचाता
गुस्से की बिजली चमकाता
लपलप करती देह घुमाता

पट-पट अगली टाँग पटकता
खट-खट पिछली टाँग पटकता
कड़ी सड़क की
कड़ी देह को
कुपित कुचलता
मुरछल जैसी पूँछ घुमाता
बड़ी-बड़ी क्रोधी आँखों से
आग उगलता
ऊपर नीचे के जबड़ों के
लंबे पैने दाँत निपोरे
व्यंग्य भाव से, ऐसे हँसता
अट्टहास करता हो जैसे!

पशु होकर भी नहीं चाहता पशुवत जीना,
मानववादी मुक्ति चाहता मानव से अब,
चकित चमत्कृत सब को करता।
मैंने बागी घोड़ा देखा
आज सबेरे चौराहे पर। *3.4.1993*

आँख खुली, कर उठा

आँख खुली,
कर उठा
करेजा कड़का।
धूल झाड़कर
सोता मानव
फड़का।
रात ढली
दिन हुआ
उजेला दौड़ा।
ताबड़तोड़
चला, बज उठा
हथौड़ा। *(तिथिहीन)*

मैं गया हूँ डूब

मैं गया हूँ डूब
        इतना डूब
तेरे बाहुओं में,
लोचनों में,
कुंतलों में,
गिरि गया है डूब
        जितना
सिंधु में संपूर्ण
सदियों पूर्व
और अब भी
मग्न है बेऊब

तिथिहीन

कल कमीज में बटन नहीं थे

हे मेरी तुम!
कल कमीज में बटन नहीं थे;
कुरता देखा तो आगे से फटा हुआ था,
धोती में कुछ दाग पड़े थे;
बक्स और अलमारी देखी,
नहीं एक भी मिला तौलिया,
मैंने एक रूमाल निकाला
वह था मैला;
सोपकेस में सोप नहीं था;
एक बूँद भी तेल नहीं था;
कंघा परसों टूट चुका था;
मेजपोश पर धूल जमी थी;
पुस्तक पर प्याला बैठा था;
कापी पर औंधा गिलास था;
पैसे की डिबिया में पैसा एक नहीं था;
आलू और अनाज खतम था;

लालटेन अंधी जलती थी;
हाय राम! मेरी आफत थी;
अब बोलो तुम कब आओगी,
घर सँवारने?

तिथिहीन

उदास दिन

यह उदास दिन
पेंसन पाये चपरासी-सा
और जुए में हारे जन-सा,
आपे में खोये गदहे-सा
मौन खड़ा है।
रवि रोता है
माँ से बिछुड़े हुए पुत्र-सा।
धूप पड़ी है
परित्यक्त पत्नी सी कातर।
पाँव कटाये
हवा लढ़ी पर लेटे लेटे,
धीरे-धीरे
अस्पताल की ओर चली है,
सुबुक रही है
एक टाँग पर खड़े
देह का भार उठाये,
ऊँचे-ऊँचे पेड़ पुरातन
वनस्थली में तप करते हैं
जटा बढ़ाये।

तिथिहीन

रात

दिन हिरन-सा चौकड़ी भरता चला,
धूप की चादर सिमट कर खो गयी,

खेत, घर, वन, गाँव का
दर्पण किसी ने तोड़ डाला,
शाम की सोना चिरैया
नीड़ में जा सो गयी,
पेड़-पौधे बुत गये जैसे दियें,
केन ने भी जाँघ अपनी ढाँक ली,
रात है यह रात, अंधी रात,
और कोई कुछ नहीं है बात!

तिथिहीन